$S^M{}_R$

Bibliographische Information der Deutschen Nationalbibliothek:

Die Deutsche Nationalbibliothek verzeichnet diese Publikation in der Deutschen Nationalbibliographie; detaillierte bibliographische Daten sind im Internet über http:// dnb.dnb.de abrufbar.

$S^M{}_R$

© 2016 Sonja Maria Rathjen

Herstellung und Verlag: BoD — Books on Demand, Norderstedt

Satz: Sonja Maria Rathjen

Umschlaggestaltung und Umsetzung:
Sonja Maria Rathjen

Bild: graphische Bearbeitung eigener Skizze

ISBN 9-783-741-20534-7

Sonja Maria Rathjen

ACH, DU MEINE HEIMAT!

Gedichte und Volksweisen

S^MR

Vorwort

Guter Rat

Reimen alleine genügt nich',
Denn auch wenn Sie meinen, es fügt sich,
Schreiben Sie's nieder einstweilen,
Dann prüfen Sie's wieder auf Zeilen
Hin, die noch holpernd gewesen,
Zumal Sie noch stolpern beim Lesen.

Geständnis

Mal kurz oder lang und ausführlich,
In Reimform — dabei so natürlich
Wie möglich gebilde-
Te Sätze im Schilde —
Gieß' ich, was spricht mich an und für sich.

Wo's — wie grad hier nicht mag gelingen,
Werd' ich — ich geb's zu — mit mir ringen
Und Sätze verdrehen,
Wie hierin geschehen,
Und dann halt die Reime erzwingen.

Ich tu' so, als ob's so gehöre,
Indes ich mich — weiß Gott! — dran störe.
Doch, Leser, vertrau mir,
Stößt auf der Satzbau Dir:
Als ob ich den Faden verlöre!

Wunsch

Ob die kleinen, ob die großen
Themen es nun sind,
Die mein Dichten angestoßen,
Wünscht' ich mir, es find' —

Für dem Alltag mal Entnomm'nes,
Volkstümlich verbrämt,
Mal was Heit'res, mal Beklomm'nes,
Manchmal unverschämt,

Mal aus Tiefenschichten schöpfend,
Mal im Ton verquer,
Jedenfalls das Thema schröpfend —
Sich ein Leserheer.

Meines Lesers Vergebung

Muß sie denn, muß sie denn —
Oh, das halt' ich nicht mehr aus,
    Halt' ich nicht mehr aus! —
Auch das Vorwort dichten hier?!

Wenn ich vom, wenn ich vom
Dichten nimmer runterkomm',
    Nimmer runterkomm',
Oh, mein Leser, liegt's bei Dir:

Kann ich nicht des Dichtens müde sein,
Dann vergib, oh Lese-er, mir!

Schreib mir's gut, schreib mir's gut,
Daß es glücklich machen tut,
    Glücklich machen tut,
Und bis jetzt sind's doch erst vier!

Vorschlag zur Güte

Dichte ich zu unmanierlich,
Stimmt's Dich bös' statt heiter,
Wird es Dir zu despektierlich,
Blätter einfach weiter!

Wenn alle Stricke reißen

Erwarten Sie von Gedichten, was
Beim Durchblättern hier sich ganz
                    anders las?
Fehlt's den Gedichten an Poesie,
In Bilder gegossener Phantasie,
Verdichtet intensiviert, wo's strotzt
Vor Anspielungsrätseln? Wird
                  nur gemotzt
In ihnen, unerhört unversteckt,
Der Mahnzeigefinger zu oft gereckt?

Dann tut's mir leid. Auf ein andermal!
Denn weiterzulesen würd' nur zur Qual.

Allen anderen

Haben Sie Freude am Spiel mit Aspekten,

Ein Thema betreffend, dann werden Sie fündig
In diesem Gedichtband, der oft kurz und bündig
Ein Thema beleuchtet von vorne und hinten —
Und nicht etwa heischend nach Ähnlichgesinnten,
Doch ehrlich bemüht, durch ein heilsames Lachen
Ein Ärgernis etwas erträglich zu machen,
Und durchaus mal etwas mit Worten zu feiern,
Den Kern des Vergnügens sogleich zu entschleiern,
Den Ursachen, welch eine Wirkung auch immer
Sie haben als Lebensgestaltungsbestimmer,
Mit Biß und humorvoll zuleibe zu rücken
Und dann noch sich reimend im Vers auszudrücken.

Allen, die jetzt schonmal Blut dadurch leckten:

Viel Spaß! —
Ihre Sonja Maria Rathjen
im Mai 2016

TEIL I

Gedichte

VON GIPFEL ZU GIPFEL

Ausgerechnet

Am Anfang war der Spott.
Der Spott, der war bigott.
Darob schalt ihn die Häme,
Daß er sich nicht was schäme!

Dichterlob

Niemand fühlt tiefer, denkt feiner verwoben

Als der von Liebe ergriffene Mann,
Der, wenn er Dichter ist, losdichten kann,

Bilder gestaltend durch Lautmalerei,
Eingedenk seiner Gefühlsduselei,

Die ihren Ausdruck nicht sucht und doch fin-
Det und sich gleichnishaft umwandelt in

Schöngeistdurchwehtheit des Wortes im Vers,
Der in der Dichte so reich ist, daß der's

Sich nicht verwehr'n kann, sich selber zu loben.

Mut zur Lücke

„… Lücke."
… zücke,
… Brücke …
… glücke!

Die Stiftung

Eine neue Stiftung ist
Aus der Tauf' gehoben.
Wenn du mitmachst, Sieger bist,
Kommst du ganz nach oben.

Wirst, was zu erwähnen sei,
Aufs Podest geliftet.
Kommt es dann zum Preisverleih,
Wird ein Zahn gestiftet.

Ätsch

In Schimpftiraden sich ergehend,
    Kommt so manch Gedicht daher,
Das, in der Rezeption umstritten,
    Zwietracht säet einmal mehr:

So ist der Dichterin gelungen,
    Wo auf seinem Konto *er*'s
Nur allzu gerne ließ' verbuchen:
    Sie erschuf den Kontrovers.

Kritik

Kritiken von Kritikern
        sind unverzichtbar,
Denn Lob oder Tadel: das
        Opus wird sichtbar.

Kritiken sind für den Er-
            folg unabdinglich,
Da Werbe-Platzierungen
            schlicht unerschwinglich

Sind. Kritiker sind demnach
            selbst unerläßlich,
Und sei die Kritik manchmal
            nochmal so häßlich.

Beitrag zur Literaturgeschichte

Im ‚Club der toten Dichter'
            ehrt' ein Filmautor sie,
Und dem entsprang der Zweig der
            Nekrophilologie,
Die sammelte die Werke
            dieser Kategorie —
Danach noch um zwei Bände
            (mit noch Lebenden, die
Im Streben Werke schufen
            mit dergleichen Genie,
Darin) erweitert trotz der
            Posthum-Anachronie —
Und gab sie vorab raus als
            Paläanthologie.

Non scholae ...

„Aufgemerkt nun also, Schüler,
Lest's mir von den Lippen ab!
Ausgefahr'n zu mir die Fühler,
Stellt die Lauscher auf Empfang,

Denn ihr werdet mächtig staunen,
Wenn ihr meine Worte hört!"
Er verbat sich denn das Raunen,
Weil es ihn beim Denken stört.

Spannungsaufgelad'ne Stille
Senkte sich im Raum herab,
Und er putzte seine Brille
Desto mehr, je mehr rang

Darum, was er denn zu sagen
Hatte um der Schüler Wohl,
Weil sie ihm am Herzen lagen,
Unverschuldet noch so hohl.

Endlich sprach er auf sie runter:
„Was ich euch zu sagen hab' : ... —"
Leider ging der Inhalt unter
In der Pausenglocke Klang.

... sed vitae ...

„Dafür bin ich aufgestanden?
Dafür gab ich meinen Schlaf?
Welche Einfaltspinsel fanden,
Daß der Schmarr'n da mich betraf?!

All die Jahre meines Lebens,
Die dem Blödsinn war'n geweiht,
War'n jedoch nicht ganz vergebens,
Denn aus Fehlern wird man g'scheit."

Alle nicken, sind sich einig —
Jeder aus 'nem and'ren Grund —,
Halten fest an fadenscheinig
Tief empfund'nem Klassenbund.

... discurrimus

(aus dem neuentdeckten Briefwechsel)

Daß der Geist der Hegelianer
Weltgeschichte brauchen tu',
Um sich zu entwickeln, ahn' er
Ja schon immer, feixt der Lu.

„Ludwig!" schreibt zurück der Russel.
„Woher plötzlich der Humor?"
Tja, jetz' hammer den Schlamassel:
Nix is' mehr als wie zuvor!

Die Biene

Sie schlabbert am Nektar
Der Blüten am Rain,
Vor sich manchen Hektar
Von Feldblümelein.

Von ihnen umringet
Im Jungblütenstand,
Hat sie sich verdinget,
Im Arbeitsgewand

Aus ihnen zu saugen
Den spärlichen Saft,
Dem in ihren Augen
Es mangelt an Kraft.

Und tief drin, da regt sich
Der leidige Born.
Der Schmerz aber legt sich
Nicht, nährt einen Zorn,

Wie sie ihn nie spürte.
Sie fühlt, es ist Zeit.
Die weiland Entführte,
Den Zorn im Geleit,

Traut sich aus der Deckung
Des Stockes heraus,
Des Urteils Vollstreckung
Gewahr und des Gaus,

Den sie nicht verhindern
Kann, noch irgendwie
Im Ansatz nur lindern —
Die Wildbiene, die.

Nur selten gibt's welche,
Die noch zu ihr steh'n
Und nicht ihre Kelche
In Abscheu verdreh'n,

Sie abstempelnd meiden.
Sie kann nicht zurück,
Nie mehr sich verkleiden
Für's Zuchtbienenstück,

Um schließlich zu landen,
Wo alles begann,
In klebrigen Banden
Sich windend. Fortan,

Nachdem sie das Bildnis
Des Dienens zerstört,
Streift sie in der Wildnis,
In die sie gehört.

Zu Willen

Der Wille ist genau so frei,
Wie man's ihm zugesteht.
Nur allzu oft ist's einerlei,
Was unser Woll'n angeht.

Der Hindernisse sind gar vie-
Le aufgebaut mit Fleiß,
Und wir steh'n da mit uns'ren Zie-
Len, hilflos auf Geheiß.

Und nimmt man eines, folgt das Zwei-
Te und ein drittes dann,
Und so geht es dann immer wei-
Ter, bildet sich heran

Zum Joch: das, was wir mal gewollt
Und was wir angestrebt,
Der Willkür anderer gezollt,
Die uns des Woll'ns enthebt.

Zu Diensten

Steh' immer zu Diensten,
                auch wenn's mich vergrätzt:
Persönliche Freiheit
                wird weit überschätzt.

Empörend

Angestellt heißt kontrolliert sein,
Durchverwaltet bis ins Mark.
Wirst doch wohl nicht so borniert sein,
Meinen gar, du seist autark?!

Meiden wird man dich, beäugen —
Du kannst können, was du magst.
Keiner Obrigkeit sich beugen?
Das geht gar nicht! Daß du's wagst!

Kurzer Prozeß

Jedem Bürger seine Nummer,
Abgestempelt, Kiste auf,
Daß er ja in Frieden schlummer',
Abgelegt und Deckel drauf!

Einwand

Brauchen wir nicht die Verwaltung,
Dienend Ordnung, Recht und Sitte?
Dient sie nicht der Selbsterhaltung,
Der Verläßlichkeit für dritte?

Denn nur dann, wenn sie intakt ist,
Läßt es sich von Freiheit träumen,
Weil sie Sicherheit gibt. Fakt ist:
Freiheit lebt in sich'ren Räumen.

Ernst

Ernst ist es gewesen — doch! —,
Wie er sich im Kellerloch,
Welches wegen Nässe roch,
Wesensfremd sich immer noch,
Weltvergessen stets verkroch.

Indes im Herzen, welches pochte
Eher doch voll Hoffnung, mochte
Prinzipiell noch Leben kochen.

Denn schließlich: hätte er, gestochen
In der Rede, denn verfochten —
Mit des Lebenswerk verflochten —
Jenes letztentwich'ne Joch
Wie der längst verblich'ne Bloch?

Die Mütze

Auch Jandls Mütze ist mal voll,
Auch sie quillt einmal über.
Was der Betroff'ne machen soll:
Da schreibt er nichts mehr drüber!

Bewerbung

Eigne mich als Kleiderständer,
Wandlungsfähig, gertenschlank.
Führt Ihr mich in ferne Länder,
Hunger' ich mich für Euch krank.

Um mich immer wach zu halten,
Bin zum Koksen ich bereit,
Reih' mich ein in Spukgestalten
Ohne jede Eitelkeit.

Ist's gewünscht von 'nem Designer,
Daß man von mir nichts mehr sieht,
Daß der Schnitt wirk' umso feiner,
Was er mir auch überzieht,

Werde ich für ihn verschwinden,
Wie auf Stelzen für ihn geh'n,
Lass' mich auch stets neu erfinden,
Willens, von mir abzuseh'n.

Alles leg' ich ihm zu Füßen:
All mein Können, mein Talent,
Bin bereit, dafür zu büßen,
Daß man seinen Namen kennt.

Werde austauschbar mich wähnen;
Unterwürfig werd' ich sein
Vor den Agenturhyänen:
Darauf schwör' ich Stein und Bein.

Auch wenn nichts für mich herausspringt,
Kein Karriereanfang winkt,
Man für Wochen mich nur auswringt,
So, daß es zum Himmel stinkt,

Will ich hiermit mich bewerben,
Stellen mich der Konkurrenz
Aller Mädels, die auch sterben
Könnten für die Modetrends,

Will mich gern zum Narren machen,
Dummes Zeug erzählen auch,
Will auf Pfiff zum Star erwachen
Für den Teenie-Hausgebrauch.

Bitte nehmt mich, bitte, bitte!
Ach, ein „Nein" ich nicht ertrag'!
Nehmt mich auf in Eure Mitte:
Dafür leb' ich Tag für Tag.

Voting

Liebes Mädchen, wir bedanken
Uns für Deinen langen Brief.
Doch er weist uns in die Schranken,
Denn er zeigt: hier lief was schief.

Ja, er grub uns Sorgenfalten
In die superglatte Stirn.
Und er zwang uns, einzuschalten
Kollektiv das Juryhirn.

Wie es schonend formulieren?
Oh, Du wirst so traurig sein,
Wirst den Lebensmut verlieren …,
Denn das Voting lautet: nein.

Artikelspiel
(Jou aux articles)

L'article ist aus dem feinsten Tuche
Gefertigt, wie man desgleichen suche!
Er fällt, umschmeichelnd der Damen Hüften,
Gestattet ihnen, gut durchzulüften.

Die Femme von Welt sieht, wie die Balance
Gehalten wird in Extravagance
Beim Jou du Tronc mit Épaules et Manches,
Und doch: man zähl' ihn noch so zur Branche
Der Haute Couture des Bel Étage:
Er dient ja doch nur dem Camouflage.

Marlenes Hose

Marlenes Hose hatt' 'nen Schlag,
Mit Falte streng gezügelt:
Im Voraus ward die jeden Tag
Aufs neu hineingebügelt;

Der Außenwirkung sicher sein
Marlene somit möge,
Mit jenem Strich am langen Bein
Die Blicke auf sich zöge.

Also der Schlag ward ausgestellt
Und zeigte klare Kante,
Weshalb seither die Neue Welt
Ihn „Präventivschlag" nannte.

Zu Befehl

Im zu nahen Osten
Steh'n wir auf den Posten,
Die uns zugewiesen,
Damit wir von diesen
Aus als Alliierte
Das grausam regierte
Land erstmal bekriegen,
Es schließlich besiegen
Und es dann entschieden
Auf Dauer befrieden.

Wir sind halt der Westen
Und können's am besten.

In Sorge

Ist denn uns're Bundeswehr
Ernstzunehmen als ein Heer?
Kann sie ihrer hehren Pflicht
Noch genügen beim Verzicht
Auf intaktes Material
Und bei der Soldatenzahl?

War's denn dringlich, daß man dort
Für die Kinder einen Hort,
Teilzeit eingerichtet hat
Für die Elternschaft, anstatt

Auszubilden für den Fall,
Der inzwischen überall
Einzutreten droht? Ist denn
Zeit genug für's Üben, wenn
Je nach Einsatz Anderes
Abverlangt wird unterdes?

Ist bei jedem Marschbefehl
Ohne Kompetenzkrakel
Einwandfrei die Strategie
Klar in jeder Kompanie?
Oder schickt man sie ins Feld
Ungewappnet mangels Geld?

Hoffen wir, daß das nicht stimmt
Und's kein böses Ende nimmt …!

Wissenslücke

Was geschah im Winterlager,
Als die Römer dorthin zogen?
Trällerten sie Märsche, Schlager?
Übten sie mit Pfeil und Bogen?
Warfen sie zur Übung Steine?
Wie trainierten sie die Beine?
Übten sie die Formationen?
Paukten sie Besatzungszonen?

Was sie trieben, um zu üben:
Drüber fischen wir im Trüben.

Tyrannenmord

Damals in des Märzens Iden
Tagt' der römische Senat,
Einz'ger — so hatt' er entschieden —
Tagesordnungspunkt: Verrat.

Ausgewählt hatt' er die Ratte,
Die der Cäsar wie 'nen Sohn
In sein Herz geschlossen hatte.
Undank ist des Kaisers Lohn.

Einen Dolch unter der Toga,
Die ein Purpurstreifen ziert',
Gut versteckt, da er nichts wog, ga-
Lant vom Faltenwurf kaschiert,

Schlich er sich an den Tyrannen.
Schmeichelnd, ehrerbietig, bot
Er inmitten seiner Mannen
Unterwürfig, sprich: devot

Ihm ein Schauspiel, wie desgleichen
Ward zuvor noch nie gezeigt.
Ihm so um den Bart zu streichen:
Cäsar war nicht abgeneigt ...

Er genoß in vollen Zügen
Alles, was ihm aufgetischt
Wurde an erstunk'nen Lügen,
So bekömmlich angemischt.

Eitel schluckte er sie alle.
Darauf sann der üble Strolch,
Und die aufgestellte Falle
Schnappte zu: er zog den Dolch,

Stieß ihn zwischen Cäsars Rippen.
Dieser sank in seinem Blute
Nieder, noch im Überkippen
Schallt''s: „Et tu, mi fili Brute!"

Vae Viae

Vom Heer mit Pickelhaube
Zum Corps mit Friedenstaube
Ein himmelweiter Weg lag
Voll Teuflischkeit und Wehklag.

Der Weg das Ziel sei: echt jetzt?
Dies Beispiel viel zurechtsetzt.

Des einen Nachtigall

Wie herrlich ist's, draußen zu sitzen
Im menschengefüllten Café
Bei Latte macchiato und Pizzen
An einer verträumten Chaussée
Im Kiez einer Großstadt wie Brüssel,
Paris, Tel Aviv oder Prag;
Und die mit dem Sprung in der Schüssel
Zerbomben das, was ich so mag!

Sie hassen uns, wenn wir genießen
Das Leben, einander, das Jetzt;
Verspüren, statt sich anzuschließen,
Nur dann Glück, ist uns'res zerfetzt.

Rekrutenblues

Haltlos lungern sie herum,
‚Ohne Perspektive',
Hormonelles Stadium:
‚Nackte Offensive'.

Diese werden ausgeguckt,
Ins Visier genommen.
'S wird gelogen wie gedruckt,
Um sie zu bekommen.

So wird kräftig rekrutiert,
Auf gezielte Weise
Aufgehetzt, fanatisiert.
Dann beginnt die Reise:

Trainingslager, ‚Camps' genannt,
Werden sie ‚besuchen'.
„Aufenthaltsort: unbekannt",
Wird man hier verbuchen.

Hemmungen nur abzubau'n,
Wird als Ziel nicht reichen.
Sich zu brüsten mit dem Grau'n,
Weltweit rauszustreichen,

Daß der nächste sich schon als
Selbstmordattentäter
Hergibt und gegeb'nenfalls,
Früher oder später,
Dich mit sich ins Jenseits sprengt,
Ist das Ziel. Sie finden
Leute — ist das nicht besengt?! —,
Die damit verbinden,
Ihnen wink' das Paradies —
Wenn schon nicht auf Erden,
Dann im Jenseits! — Ist doch fies,
So verar— ... (ups, 'Tschuldigung!)
... .-heizt zu werden!

Aus dem Tritt

„Wenn die Fundis diffundieren,
Sich ergießen über's Land,
Nützt vernünftig Reagieren
Nichts mehr", quängelt der Verstand.

Auch der Bauch erhebt die Stimme,
Bläst hinaus den finst'ren Ton.
Anvisiert mit Korn und Kimme,
Schießt's mit scharfer Munition.

Nur das Herz schlägt and're Töne
An, im Rhythmus leicht gestört.
So hebt an der grundobszöne
Marsch: das Fußvolk ist empört.

Niwradsches Gesetz

Von Zäunen und Mauern umgeben,
Läßt sich's trefflich unvermischt leben.
Doch setzen sich durch unter gleichen
Aus sämtlichen Birnen die weichen.

Blöd

Die Sendung „Heute"
Zeigt eine Meute:
Die einen nölen,
Die andern gröhlen
'Ne Heilsparole,
'Ne ziemlich hohle.

Und da: sie balgen
Sich um 'nen Galgen ... —
Die besten Plätze
Für's Fernseh'n. Schätze,
Daß laut und hitzig
Die braunen Kids sich
In Szene setzen,
Das Volk verhetzen,
Sobald sie spüren,
Daß sie's verführen
Und können lenken
In ihrem Denken ...

Und ich sitz' lässig
Vorm Schirm. Gehässig
Stell' ich mich drüber.

Erst später über-
Leg' ich für mich dann:
Das war doch blöd, Mann!

War Teil der Quote
Für deren Zote!

Beredtes Stadtbild

Seht's an der Innenstadt,
Was sie für Läden hat:

Ein-Euro-, Secondhand-;
Keine Designerbrand-,

Luxusgeschäfte mehr;
Geht mit dem Trend einher —

Arbeit zum Dumpinglohn
Bei Mietzins-Explosion

Greift um sich allgemein —,
Alles müßt' billig sein.

Der Kaufkraft Handschrift trägt,
Was unser Stadtbild prägt.

Unreine Begegnung

Gibst du mir zu essen? Ich bin hungrig.
Siehst du mich nicht schwanken:
                     mir ist schummrig.
'S nicht dem Alkohol geschuldet,
Allerdings im Rausch erduldet:
Hunger ist erträglicher im Suff.

Hast du mir was anzuzieh'n? Ich friere.
Steht dir gut, dein Mantel. Gratuliere!
Meiner ist so abgeschabet,
Daß es der Gesundheit schadet,
Taugt schon nicht mal mehr für einen Muff.

Nun verzeih, daß ich dich angesprochen!
Komm' auf allen Vieren angekrochen.
Mich kann Demut nicht erschüttern,
Denn mein Stolz kann mich nicht füttern;
Sonst wär' ich für dich doch reine Luft.

‚Rein' ist nicht das Wort, hier zu verwenden.
Weiß ich doch: ich stink' an allen Enden!
Doch wenn ich im Dreck versinke,
Daß ich derart faulig stinke,
Nimmt es nur vorweg die nahe Gruft.

Rümpfst du deine Nase, willst dich schleichen,
Statt mir deine Spenderhand zu reichen?
Immerhin: bin eingedrungen;
In Geruchserinnerungen
Ist's verankert: die verlier'n sich nicht.

Bist mir jetzt begegnet. Dumm gelaufen!
Kann mir von Betroffenheit nichts kaufen.
Hast du sinnvoll dich betätigt,
Wird nur noch einmal bestätigt:
Handeln steht dir besser zu Gesicht.

Nachgefragt

Sag, ist es denn schon Sünde,
Zu wahren seine Pfründe?

Bedarf es erst des Armen,
Des wir uns nicht erbarmen?

Auslegungssache

„Zu helfen", sagt heute manch Neu-Pharisäer,
„Hab' ich keinen Bock.

Ach, Jacke wie Hose! Mein Hemd ist mir näher
Als irgendein Rock!"

Ein zweiter vorbeilatscht und dann noch
ein dritter
Am halbtoten Mann.
Sie kennen das Gleichnis ja vom Samariter
Und halten sich dran.

Mädelchendilemma

Bist geboren du als Frau,
Weiß halt niemand so genau,
Was und was nicht du denn darfst.

Und wenn etwas ist erlaubt,
Weil man jetzt halt daran glaubt,
Steht der Zeitpunkt noch nicht fest,

Ab dem dir's gestattet ist,
Wie lang dich betrifft die Frist,
Die dich davor noch verschont.

Und wenn du das Spiel durchschaust,
Denkst, daß dich der Affe laust,
Paß auf, daß du's nicht entlarvst:

Macht dir nur das Leben schwer —
Geht ja mit Verstand einher —,
Wirst gemieden wie die Pest.

Bleibst du still und sittsam denn,
Bist ein braves Mädelchen,
Kann es sein, daß es sich lohnt.

Wart jedoch nicht allzu lang,
Denn sonst heißt es: „Der ist bang!" —
„Quatsch, Mann! Die ist prüde nur."

Und so weiter. Fügst du dich,
Jedoch nicht, dann hoffentlich
Insgeheim und anderswo.

Sonst wirst „Flittchen" du genannt,
Dir die Ehre aberkannt:
Kommt man dir auf diese Tour.

Erst wenn du dir sicher bist —
Sicher, sag' ich! —, daß er's ist,
Machst du alle damit froh,

Daß du dich mit ihm verlobt,
Denn dann gilt er als erprobt —
Wie, spielt keine Rolle mehr:

Das Dilemma ist man los.
Plötzlich ist dein Anseh'n groß:
Als Verlobte bist du wer.

Beichtgeheimnis

Kniest du in der Beichte,
Beichte nicht nur seichte,
Läßlichere Sünden,
Außer — pst! — dir reichte,
Loszuwerden leichte,
Aus Geheimnisgründen.

Beschwörung

Katholisch, geschieden, alleine,
Und nichts zu bereuen es gibt?
Dann nimm in die Hand deine Beine,
Denn, wahrlich, du hast es versiebt!

Da kannst du dich noch so sehr sehnen
Nach Beistand der Eucharistie:
Sie steht dir nicht zu, geht's nach jenen:
Den Wächtern der Orthodoxie.

Ganz gleich, ob du lebest in Sünde,
Verheiratet oder auch nicht,
Dich kaltzustell'n, heißt's, immer stünde
Als Strafe fest laut Kirchgericht.

Wenn's wurscht ist, ob du dich noch paarest,
Die Höchststrafe längst ist verhängt,
Frag' ich mich, warum du verwahrest
Dich gegen das, was in dir drängt.

Zu spät jetzt, noch während der Ehe
Den Partnerbetrug zu begeh'n,
Damit man dir das zugestehe,
Wovon du ja jetzt abzuseh'n

Gezwungen bist, weil du zu ehrlich
Und treu warst, um das je zu tun.
Nun bist du für jene entbehrlich.
Die Ehrlichkeit rächet sich nun.

Der heilige Bund ist mitnichten
Gelöst durch die Scheidung , und so
Ist's irrig, sie so zu gewichten,
Daß dir gar Verdamnis noch droh'.

Sie sollten es halt überlassen
Dem Spruch in der letzten Instanz,
Eh' sie dir ein Urteil verpassen,
So vorschnell und voll Diskrepanz

Zu allem, was sonst sie so lehren
Und sonst noch sie bieten auch feil.
Denn schließlich: es geht nicht um deren,
Nein: hier geht's um dein Seelenheil!

Drum such deinen Weg im Gebete,
In Zwiesprache mit deinem Gott.
Selbst Saul ward zum Paul, als er flehte:
Drum hör nicht auf sie, sappralott!

Stoßgebet

Heil'ger Sankt Valentin, walte
Bald Deines Amtes, daß bald
Manches sich anders gestalte:
Schafe g'hör'n nicht in den Wald.

Führ sie mitsamt ihren Hirten
Raus, die im Walde Verirrten!

Gute Voraussetzung

Spricht das eigene Gewissen
Dich mit „du" noch an,
Ist noch alles drin: beflissen
Halte du dich dran!

Fastenzeit

Fastenzeit, oh Fastenzeit!
Ich vermisse deine Predigt,
Wo Hochwürden sich entledigt
Seiner Wut.

Fastenzeit, du, Fastenzeit,
Gabst durch sein Moralgeschimpfe,
Daß er mir Moral einimpfe:
Tat mir gut.

Fastenzeit, oh Fastenzeit,
Kanzelbebendes Gepolter,
Drohend mit der Höllenfolter:
War's nicht gold?!

Fastenzeit, du, Fastenzeit,
Zogst noch jedes Strafregister,
Daß der Sünden Spaß vergißt der
Sündenbold.

Fastenzeit, oh Fastenzeit,
Immer schwebendes Verfahren

Gegen frevelnder Barbaren
Fehlbarkeit!

Fastenzeit, du, Fastenzeit!
Viel zu kurz währt deine Power!
Ich plädiere für die Dauer-
Fastenzeit.

Lektorat

Als er's nochmal überflogen,
Kam's ihm, er hätt' wohl den Bogen

Etwas überspannt. Da liest er —
Denn er ist ein guter Priester —

Seine Predigt daraufhin jetzt
Nochmal durch, wo's hakt darin, setzt

Sich noch einmal auseinander
Mit dem Thema, und er kann der

Hohlen Phrasen Reihung drinnen
Kaum noch etwas abgewinnen.

Nochmal sucht er nach dem Sinn. Bald
Weiß er: er ist mit dem Inhalt,

Der ihm aus der Feder g'flossen,
Übers Ziel hinausgeschossen.

Und er kommt denn zu dem Schluß:
'S ist ja doch ein rechter Stuß!

Dank verjährt nie

Damals, auf der Klassenfahrt nach Rom,
Wollte ich partout zum Petersdom.

Dienstag war's, der Tag der Audienz
Für das Katholikenvolk: man kennt's.

Unsern Papst in Lebensgröße seh'n:
Nein, das durfte ich mir nicht entgeh'n

Lassen, und so pilgerten wir hin —
Ja, ich fühlt' mich wie 'ne Pilgerin.

Abgesperrte Zonen und Solda-
Ten der Schweizer Garde man da sah.

Ich griff einen Kameraden mir,
Sprach, die schönsten Plätze im Visier:

„Nichts wie hin — das schaffen wir zu zweit!
Schau, da vorn sind Stühle aufgereiht!"

Und wir faßten uns ein Herz, und dann
Nahmen wir die Hürden — ich voran.

Keiner der Soldaten hielt uns auf,
Niemand stand herum zum Ticketkauf.

Alles war paletti, alles gut,
Dachten wir und faßten neuen Mut,

Setzten uns noch möglichst weit nach vorn
Mitten in die Menge unverfror'n,

Teilten uns in Gestik, Mimik mit:
Zeigten uns're Freude offen — Schnitt! —

Plötzlich wurden Taschen jäh durchwühlt,
Brust- und Hosentaschen auch befühlt.

Da erhob sich ein erwachs'ner Mann,
Gab einem Bediensteten sodann

Ein Papier, gestikulierte 'rum,
Schaute sich dabei auch zu uns um.

Da durchfuhr's mich, und es brach der Damm.
Händewedelnd schrie ich: „Mia ghean zam!"

Offenbar verstand mein Nachbar mich,
Nickte lachend, unterhakte sich.

„Si! Siamo un grupo!" rief er aus.
Das war uns're Rettung — eiderdaus!

Und an dieser Stelle möchte ich
Mich nochmal bedanken feierlich!

Neu

In höchsten Würden, uns zum Papst,
Der Benedikt von Bayern steht.
Man spricht, dem Mittagsmahl vorabst,
Seither ein Ostertischgebet:

Statt einzeln zu rufen: „An Hunga, den hob i!",
Spricht man nun gemeinsam das „Eini und obi!".

„Ein Münchner im Himmel"
(Kurzfassung)

Ein Münchner im Himmel hoch droben
Begann, derart laut Gott zu loben,
Daß Petrus ihn schickte bald wieder
Als Hilfsassistenten hernieder.

Der Auftrag: der bayrische Staat muß
Gemäß dem höchstgöttlichen Ratschluß
Sein Handeln ein wenig justieren.
Doch kam's nicht mehr zum Assistieren ...

Die Antwort, als Petrus zum Spaß frug:
Der Münchner sitzt „haid no" vorm Maßkrug.

Engel

Engel hoch auf Wolken schweben,
Rein und froh und gottergeben,

Säuseln lispelnd „Hosianna",
Mümmeln würdevoll ihr Manna,

Blasen manchmal auf Schalmeien —
Mal zu zweien, mal zu dreien —,

Singen jubelnd auch in Chören
Mit den übrigen Akteuren

(Cherubimen, Serafinen) —
Lobeshymnen schallt's mit ihnen.

Manche sich berufen fühlen,
Sich durch Wolken durchzuwühlen,

Wirken auf uns ein auf Erden,
Daß auch wir zu Engeln werden

Und auf uns'rer Wolke hocken,
Um mit ihnen zu frohlocken,

Uns dem Loblied anzuschließen
Und die Aussicht zu genießen.

Diese Aussicht winkt uns allen,
Wenn wir's noch auf Erden schnallen.

Nostra Culpa

Kirchen füllen sich zu Festen;
Zwischendurch ist's ziemlich mau.
Friede herrscht im satten Westen:
Da macht einer schon mal blau.

Himmelwärts die Türme ragen.
Trutzig, wehrhaft scheinen sie
Uns im Himmel anzuklagen,
Während wir beweinen, wie

Man sie schließet hierzulande,
Eine um die and're, und
Laut beklagen diese Schande
Als Kultur- und Stilleschwund.

Sieh sie hängen

Sieh sie hängen ziemlich hoch in der Lamberti-
Kirchturmgitterkäfigextramaßanferti-
Gung, zur Warnung, wer sich lasse wiedertaufen,
Den wird s'Heer des Bischofs freilich niederraufen.

Haltung bewahren?

Tiere: die halten wir
Nur noch in Massen hier,
Pferchen sie dunkel ein,
Als ob sie Rohstoff sei'n:
Nachwachsend sind sie ja.

Zuchthäuser sind nie nah,
Daß niemand sich dran stör',
Gar noch die Schreie hör',
Seh' gar die Quälerei!
Die ist ja bald vorbei ...

Nachts quiekt's aus Lastern raus.
Sieht das nicht niedlich aus?
Schnäuzchen an Schnäuzchen, wie
Süß! Erstmals schnuppern sie
Frischluft beim Abtransport
An den Vernichtungsort,
Bis schalldicht massenhaft
Giftgas sie hingerafft.

Erst neulich

Erst neulich, am Rande
Der Fußgängerzone,
Da hielt ich am Stande
Von Tierschützern. Ohne

Zu zögern, nachdem ich
Die Schilder gelesen,
Die Bilder zudem mich
Ob leidender Wesen

Zutiefst aufgewühlet,
Hab' ich was gespendet,
Mich als wer gefühlet,
Der s'Schicksal gewendet.

Und zehn Meter weiter
Wollt' ich kurz verschnaufen,
Erwog, wenn befreiter,
Mir noch was zu kaufen.

Ich hob meine Lider.
Prompt fühlt' ich mich schmelzen
Dahin, wähnt' mich wieder
In todschicken Pelzen.

Hut ab!

Hey, ist das nicht prima?
Sie retten das Klima:

Begrenzen gerade
Die Aufwärmungsgrade

Der Erdatmosphäre
Und tun so, als wäre

Der Mensch in der Lage,
Zu halten die Waage

Im Klimagefüge ...
Doch ehe ich's rüge:

Hut ab vor dem Willen,
Uns später zu killen!

Tatsache

Manch Forschungszweig muß furchtbar leiden,
Denn Wissenschaft braucht nunmal Geld;
Ist eine zu leis' und bescheiden,
Dann räumt sie für and're das Feld.

Und das ist, wird sie angewendet,
Das Kreuz mit der Mathematik:
Von Anwendungsbuntheit geblendet,
Verliert man sie leicht aus dem Blick.

Sensation

Einst stießen zwei Löcher zusammen,
Verschlangen dabei Energie.
Anstatt nur einander zu rammen,
Vereinten sich vollkommen sie.

So sandten sie aus eine Welle,
Beobachtet heute und hier:
Die Schwerkraft bekam eine Delle
Ins Liniengewand vorm Visier

Der spähenden Hannoveraner,
Die's öffentlich machten ganz schnell,
Bestätigt durch Amerikaner.
Und so winkt der Preis des Nobel.

Aufschrei

Zum Entsetzen der Skorpione
Hat man ihnen kurzerhand —
Ohne Mitgefühl und ohne,
Was hier auf dem Spiele stand,

Zu bedenken — den Planeten —
Wo man sich auf ihn beruft
Als Skorpion! Wär's ungebeten
Nur! — zum Zwerg herabgestuft.

Böses Ende

Was ist mit dem Kinderreim,
Den wir lernten, memorierend
Alle Namen der Planeten?

Pluto gaben sie anheim,
Klein und quirlig, oszillierend
Aus der Ebene, der steten,

Eingehalten von den acht,
Die — der Sonne näher — wandeln.
War sein Status damit unecht?

Hielt er nicht schon immer Wacht
Vor der Unterwelt? Da mandeln
Sich die Forscher auf zu unrecht!

Kaum war Pluto abserviert,
Suchten sie gemäß der Kräfte
Wirkung einen Kandidaten,

Der die Schwerkraft generiert,
Währenddessen Pluto kläffte,
Fühlte er sich doch verraten.

Und tatsächlich riefen sie
Einen weißen riesenhaften
Kandidaten aus mit Eifer.

Pluto Gift und Galle spie,
Hatte der doch Eigenschaften,
Die des armen Pluto Geifer

Von der Schnauze triefen ließ.
Langsam war der und behäbig,
Dieser zum Ersatz Erkor'ne.

Da schrie Pluto wie am Spieß.
Denn er fand die Haltung schäbig,
Der zur Orkuswacht Gebor'ne.

Doch geschluckt ward ja der Schall
Seines Kläffens, seiner Schreie,
Wie schon immer ward ein jeder:

Gab ja keinen Widerhall
In der Leere, wie der Laie
Glaubt. So hört' es niemand — weder

Plutos Schreie noch Gebell.
Und der Unterweltbewacher
Trollte sich zutiefst beleidigt.

Seither fehlt er, daß er stell'
Den gefall'nen Widersacher,
Gegen den er uns verteidigt

Und seit jeher hat beschützt.
Seither Orkus' Tore klaffen;
Heiß weht's her vom Orkusschlunde.

Niemandem hat es genützt,
Unsern Wächter abzuschaffen.
Alles richtet es zugrunde.

Auf der Spur

Will den Urknall messen — aber wie?
Gar mit Laserinferometrie?!

Neues Verfahr'n

Porzellan
Zerbrechen bringt Pech.
Wo Glas nicht zur Hand ist
(Entspiegelt!), was dann?
Am besten, man hält sich vom Brechen ganz fern.

Emailüberzogen, -gebrannt,
    wird jedes Metall vor Zersetzung geschützt,
Ornament-
Reich verziert,
Einen Bruch eh ausschließend.

Momentan
Verzapft man sein Blech
(Der neueste Stand ist —
Da forscht man noch dran,
Getestet wird ständig global und intern):

Im Sprachenverschmelzungsverfahr'n
    wird emailgebrochenes denglisch benützt.
Im Moment
Emailiert
Man, was vorher war fließend.

Sinnkrise

Schneiden sich zwei Mengen,
Ohne leer zu sein,
Schau mal in den engen
Zwischenraum hinein!

Freut sich denn die dritte,
Weil sie Inhalt hat,
Den sie sich erstritte,
Wenn sie's könnt', anstatt

Hinnehmen zu müssen,
Was ihr zugeteilt
Worden an Einschlüssen,
Derart eingekeilt?

Ohne Elemente,
Die gemeinsam sind,
Blieb' sie leer, erkännte —
Da sie keine find't —

Daß sie zwar gebildet
Worden, aber leer
Ist und das nicht will: „Det
Will ick och nich, ver-

Flixt und zugenäht!" Das
Wär viel ärger, nicht?
Ob sie's je errät, was
Für ihr Dasein spricht?

IM TAL

Sonntagabend

Ich setzte mich, müde geworden, —
Müßt' Sonntag halb neun g'wesen sein —
Zum Fernseh'n hin —
           mir war nach Morden —
Und platzte gleich mitten hinein.

Am Tatort, da nahm man die Spuren.
(Die Spuren verraten gar viel.)
Sobald die gesichert war'n, fuhren
Ermittler vor: Kommissar Thiel

Wie immer in nobler Begleitung
Des Herrn der Gerichtsmedizin,
Professor, der Thiel stets die Leitung
Des Falles versucht zu entzieh'n.

Die Tote hieß Freifrau von Stuten,
Durch Heirat geadelt jedoch.
Das ließ Doktor Boerne vermuten,
Daß sie ein Verfloss'ner erstoch.

Den Täter zu suchen im Umfeld
Des Opfers, lieg' wohl auf der Hand.
Was werd' übers Opfer gemunkelt?
Wer sei mit dem Opfer verwandt? —

Der Thiel kannte ja derlei Sprüche,
Und so überhörte er sie. —

Das Tatmesser könne der Küche
Des Opfers entstammen, weil die

Ein Messer zu wenig aufweise:
Er habe sie alle gezählt,
Damit ihm der Fall nicht entgleise,
Dem Thiel. Und sie sei ja vermählt

Weit über dem Stand, der ihr zieme:
Das grenze die Täterschaft ein
Aufs einfache Volk, auf intime
Verhältnisse noch obendrein.

Das ganze ergebe beileibe
Ein deutliches Täterprofil.
Was mehr zu ermitteln noch bleibe,
Anheim stell' er Kommissar Thiel.

Ich hatte genug von der Sendung
Und stellte den Fernseher aus.
Mein Abend nahm nun seine Wendung:
An Serien Statt außer Haus.

Denn allzu leicht die Dialoge
Zu schreiben mir schienen zu sein.
So sehnt' ich mich nach einer Droge
Und kehrte ins Wirtshaus denn ein.

Auch war mir das Adelsambiente
So völlig egal, also wurscht.

Als ob man den Ausgang nicht kennte!
Drum trank ich gleich
                zwei über'n Durscht.

So endete mein Sonntagabend
Im Rausch statt im Mördersuchfieber,
Die Logik an sich untergrabend.
Doch so war der Sonntag mir lieber.

Massenmörder

Nach dem Verbrechen, dem maliziösen,
Zuckt er verwöhnt mit der Achsel des Bösen.

Lehrreich

Einmal — ich wird's nie vergessen:
Wir sind beim Essen gesessen —
Klingelt es Sturm an der Türe,
Daß ich vor Schreck mich nicht rühre.

Dann schreit's im Gang: „Polizei!" Und:
„Machen Sie auf!" Ich sag': „Raymund,
Geh doch, ich glaub', 's ist was Ernstes." —
„Selber." — „Ich kann nicht." —
                „Dann lernst es."

Ich fasse all meinen Mut und
Öffne und sehe den Bluthund.
Mir ist so angst und so bange,
Daß ich den Ausweis verlange.

Statt ihn zu zücken, nur bellt er.
Und seine Herrchen schrei'n: „Geld her!" —
„Hab' keins!" — „Das macht nix, wir nehmen
Schmuck, Porzellan, ..." Nur noch schemen-

Haft kann ich mich des entsinnen.
Schon sind die Männer herinnen,
Räumen im Nu unser Haus aus
Und sind dann weg. Welch ein Graus! Draus

Lernen konnt' ich nur das eine:
... — ... —
'S fällt mir nicht ein, was ich meine ...

Brief

An den
  Ortsverein ‚Selbsthilfegruppe Gegenwelt e.V.

Liebe Damen oder Herren
  (das weiß ich nicht so genau),

Lassen Sie mich hierin schildern,
  was mich täglich, stündlich quält,
Und um Rat Sie höflich bitten.
  Man hat mir vom Club erzählt,
Und ich hege nun die Hoffnung,
  daß Ihr Club mir helfen kann.
Doch ich muß ein bißchen aushol'n,
  haben Sie Geduld. Na dann:

[Die nun folgende Passage
        ist geschwärzt aus Diskretion:
Das ist einstimmig beschlossen
        worden in der Redaktion.]

Nun verbleibe ich, um schnelle
        Antwort bittend (nach dem Streß!)
Und in freudiger Erwartung:
    Gott zum Gruße —
            Ihre S.

Geschwärzte Passage

Da ein weibliches Verhalten
Prägend für den Alltag ist,
Muß ich's dringend ausgestalten,
Weil man mich ja daran mißt.

Jeden trifft's, und jeder sieht es,
Tut's, wenn weiblich von Geschlecht.
Niemand fragt: Warum geschieht es?
Oder kommt es g'rade recht?

Glaubt man gar: es ist halt weiblich?
Stimmt vielleicht. Wir woll'n mal seh'n.
Sei's, wie's ist, 's ist Zeit, es leidlich
Wissenschaftlich anzugeh'n.

Wie im folgenden beschrieben,
Möglichst ohne Hintersinn,

Wird — das ist nicht übertrieben —
Emsig und geräuschvoll im

Haus gesaugt, geputzt ab sieben,
Möbelstücke aufpoliert,
Fensterscheiben blank gerieben,
Bänke blütenreich verziert.

Wäsche baumelt an den Leinen
Weithin sichtbar, farbenfroh:
‚Man ist hier mit sich im Reinen —
Noch viel mehr als anderswo‘,

Heißt die Botschaft, die man sendet,
Daß alsbald ein Opfer nah‘
Und, von Reinlichkeit geblendet,
Sich ergebe mit Hurra.

Denn so faßt man grob zusammen,
Was diejenigen bewegt.
Auch in Psychodiagrammen
Wird ihr Handeln ausgelegt:

Jene halten die Umgebung
Täglich auf dem höchsten Stand,
Und nach neuester Erhebung —
Insbesond're auf dem Land —

Stecken Absichten dahinter,
Jenen dennoch nicht bewußt —

So das Zeugnis Gleichgesinnter,
Die geheilt sind von der Lust,

Die einhergeht mit den Taten,
Fieberhaft stets ausgeführt,
Die — nach Deutung dieser Daten
Von Experten ungerührt

Vorgenommen — psychomäßig
Aus der Kindheit Traumata
Herzuleiten sind. Gefräßig
Sind diejen'gen und verschla-

Gen in ihrer Handlungsweise.
Das jedoch sagt man dem Tier
Nach, das heimlich, still und leise
Täglich mit verborg'ner Gier

Nach den Rep'raturarbeiten
An dem ausgespreizten Netz
Starr harrt der Gelegenheiten,
Daß sich was zum Fressen setz'.

Wie die Spinnen in den Weben
Sitzen jene schließlich 'rum,
Warten auf ein Weben-Beben:
Zappelt schon das erste Drumm?

Rüttelt es an ihren Pforten,
Ist die Klingel g'rad ertönt?

'S gibt der Drümmer viele Sorten:
Spinnen sind da nicht verwöhnt.

Doch im Unterschied zu Spinnen
Und geradezu dual:
Wird, ist's Opfer erstmal drinnen,
Ihm gereicht ein üppig' Mahl!

Rätselhaft bleibt es bis heute,
Was das Füttern denn jetzt soll ...
Welches Vakuum füllt Beute,
Der man stopft die Bäuche voll?!

Postwendende Antwort

Liebe S.,

    in Deinem Schreiben
Analysierst Du ein Treiben.
Nervt Dich, wie ich hier rauslese,
Hausmütterliches Gewese,
Geht es Dir gegen den Strich, dann
Zeige nun Du, daß sie Dich kann
Nicht aus der Fassung je bringen.
Setz was entgegen wie Singen,
Lesen mit heiterer Miene,
Tippen auf einer Maschine.
Gut macht sich Telephonieren,
Durch das Gras schlendernd, stets ihren
Blick meidend, daß sie es sehe,

Daß sich die Welt nunmehr drehe
Um Dich und nur Dich ganz alleine:
Denn jedem gebühret das Seine.
Statt Deiner wird sie sich Gedanken
Nun machen. Bring Du sie ins Wanken,
Indem sich ihr's relativieret
Und so an Bedeutung verlieret.
Und gleichzeitig wird's Deinem Leben
Das, was Dir gemäß, wiedergeben.

Zusammengefaßt — in Aussparung
Der schmerzlichen Eigenerfahrung —
Des ‚Gegenweltclubs' Expertise:
Präsenz zeigen heißt die Devise!

Gezeichnet, daß man's nicht entziffre,
Mit freundlichem Gruß —

                    Ihre [Chiffre]

Gegenentwurf

  Seit Wochen
  Versprochen
  Ward stets, daß
  Vergeht 's Naß.
  Der Regen hingegen
  Fällt weiter.
  Und heiter
  Wird's eh nich'!

Begeh' ich
Die nasse
Terasse?

Das Gras is'
Die Basis
Für Schnecken
Und Zecken.
Das meid' ich,
Entscheid' ich.
Der Garten
Muß warten.

Der Keller
Ist schneller
Vergammelt.
Gesammelt ... —
Es häuft sich,
Ersäuft mich.
Ich rücke
Die Stücke
Vom Fleck. — Ja,
Verreck! Da:
Die Wand bis
Zum Rand is'
Verschimmelt!
Es wimmelt
Von Spinnen

Herinnen.
In Netzen
Zersetzen
Sich Leichen.

Zur gleichen
Zeit seh' ich,
Versteh' ich
Zudem das
Problem. Was
Kann ich denn —
Für mich, wenn! —
Durch Lichten
Verrichten?!

Antip-Ode

Ja, ein
   Schmutzfänger, der nicht
                   schmutzig,
Sondern
   sauber ist, macht mich
                   stutzig.

WG-Alltag

Hiermit stelle ich den Antrag:
Steht der Dreck schon bis zum Anschlag,
Mache jeder sich zunutz', mahn'
Ich mal wieder an, den Putzplan!

Hausputz

Erstickt das Haus im Schmutz,
　Hau' ich auf den Putz
Und wisch' es aus. Ruckzuck
　Ist es wieder schmuck.

Einsicht

Sieh nur, dort am Wegesrand,
Wo dereinst die Eiche stand,
Reckt sich nun manch Unkraut.
Hättst sie halt nicht umg'haut!

Spätsommer

Laß uns im Liegestuhl dösend uns räkeln,
Faul in der Sonne uns aalen!
Bald dreut der Herbst: früh genug
　　　　　　　wirst du häkeln
Neue Pullover und prahlen.

Wie die Zeit vergeht

Vor nicht allzu langer Zeit,
Hab' ich im Eintrag gelesen,
Hat es noch bei uns geschneit.
Jetzt ist der Juli fast rum!

Ist noch nicht so lange her
(Gestern erst scheint es gewesen!):

Hoch im Saft ich stand. Doch wer
Weiß noch davon? Jetzt ist's um.

Dialog

„Die Zeit: sie vergeht immer schneller!
Sie rast — stimmt's? —, je älter man wird." —
„Das sagt man so", sprach sie, vom Teller
Aufblickend, ein wenig verwirrt.

„Ach ja, auch mir will es so scheinen,
Obwohl ich so alt noch nicht bin.
Ich bin ja noch jung, will ich meinen!
Man fragt sich: wo ist sie nur hin?

Man fühlt sie doch förmlich zerrinnen…"
Sie sieht auf die Finger herab,
Ergänzt mehr zu sich, mehr nach innen:
„Die Zeit wird schon jetzt ziemlich knapp!"

Therapie

Wird es dir in der Provinz
Wiedermal zu eng:
Daß's dir's Hirn ob aller Kinds-
Köpfigkeit nicht spreng',

Denke dir Geschichten aus,
Schreib dagegen an,
Weil's dich ob des Hirnschmalzstaus
Schier verschnellen kann.

Auch eine Lösung

Gilt es, Zielen nachzujagen,
Gilt es, vor dir selbst zu flieh'n,
Willst du mal was neues wagen,
Dann wird's Zeit, mal umzuzieh'n.

Beizeiten

Finde den Absprung beizeiten!
Dann aber rüste dich gut:
Schwer ums Herz vom maledeiten
Heimweh wird dir's bald zumut'.

Keine Pause

Bist du g'rade angekommen,
Bist vom Umzug noch benommen,
Darfst dir keine Pause gönnen.

Willst du nicht alleine enden,
Mußt du rasch Signale senden,
Die die Menschen deuten können.

Such dir schleunigst eine Gruppe!
Auf daß sich alsbald entpuppe,
Daß du ihr bist gleich vonnutzen!

Denn die Neugier flugs verbraucht ist,
Und wenn die erstmal verraucht ist,
Kannst du dich ganz schnell verputzen.

Ungeschickter Einstieg

Der will mich doch wohl veruzen:
Fängt mich einfach an zu duzen!

Hatten wir schon das Vergnügen?!

Wenn's so war, so müßt' ich lügen,
Denn ich kann mich nicht entsinnen,
Und ich müßt' es g'rade binnen
Eines Augenblicks erfinden
Und ihm einen Bär'n aufbinden,
Sonst wär' er zurecht beleidigt …

Was rechtfertigt, wer verteidigt
Aber eine solche Lüge?

Doch wenn ich ihn nicht betrüge,
Wird es ihm 'nen Schlag versetzen,
Ihn in seinem Stolz verletzen …

Wenn es nicht so war, dann freilich
Ist sein Duzen unverzeihlich!
Erstens bringt es mich ins Grübeln
Und — das muß ich ihm verübeln —
Ganz umsonst, für nix und wieder
Nix. Und zweitens — noch perfider —
Stellt er einfach so in Frage,
Was ich alles in mir trage
An Vertrautheit, Freundschaft, Bindung,
Jeder solcher Art Empfindung,

Von der Liebe ganz zu schweigen.
Ungeschickt, so einzusteigen!

Ballade von Corinna und Babsi

Der Corinna und der Babsi
Stand es zu — das nur vorab —, sie,
Denn sie waren nicht zu trennen,
Beste Freundinnen zu nennen.
Babsi war auch viel zu früh denn
Weggezogen aus dem Süden,
Schrieb in seitenlangen Briefen —
Die am Ende immer riefen
Auf zum baldigen Besuche,
Bittend, daß sie recht bald buche —
Über alles Fremde, Neue,
Das sie durchweg sehr erfreue.

Und so kam's, daß eines Tages
Die Corinna schrieb: „Ich wag' es!"
Und, die ganz schwer los sich eiste,
Erstmals in den Norden reiste.
Lang zog sich die Fahrt hin, während
Der sie dem, was nie verjährend
Vor ihr lag, entgegenbangte,
Eh' sie dann ans Ziel gelangte.

Dann das erste Wiedersehen —
Denkt man sich; kann man verstehen:

Überschwenglich war's vor allem,
Ein sich-in-die-Arme-Fallen.
Zwischen Seufzen, Weinen, Lachen
War kein Unterschied zu machen.
Beiden fuhr es in die Glieder:
Endlich hatten sie sich wieder!

Sie verbrachten täglich Stunden,
Land und Leute zu erkunden.
Auch zur Kirche sind sie 'gangen,
Wo sie miteinander sangen.
Und in Andacht Hände faltend,
Liturgiefirm mitgestaltend,
Standen, saßen sie und knieten,
Wie's die Riten halt gebieten.

Plötzlich spürte man ein Beben
In der Bank, bis Babsi neben
Sich den Grund dafür gewahrte,
Der sich ihr nun offenbarte —
Denn sie sah's; jetzt war sie sicher —
Im verhaltenen Gekicher
Ihrer Freundin, die sie staunend,
Ein Geheimnis witternd, raunend
Fragt' (und stieß sie in die Niere),
Was sie gar so amüsiere.
Ja, da platzt's aus der Corinna:
„Lauta Braißn do hearinna!"

Pech

Oiwai, bal i radfah[1],
Soichts aus Kibi grad ra.

Kaum bin ich dann abgestiegen,
Kommt der Regen zum Erliegen.

Durch dick und dünn

Wir waren drei Wochen in Ferien,
Und dieses Mal traf es Algerien.
Mit Afrika sind wir ganz durch jetzt;
Bleibt Asien, wenn Mama sich durchsetzt.

Mich zieht's ja nicht mehr in die Weiten,
Doch will ich mich nicht mit ihr streiten ...
Natürlich werd' ich sie begleiten:
Wir hatten schon schlimmere Zeiten!

Völkerverständigung

Laß uns fremde Länder seh'n,
Laß sie uns bereisen!
Wie soll'n wir denn sonst versteh'n
Denen ihre Meisen?

(Bringen wir die uns'ren mit,
Können *die* was lernen.
Und dann gilt es, Schritt für Schritt
Meisen zu entfernen.)

Heimatkunde als Breitensport

Alle fliegen wie wild umeinand'
Und kennen bald nicht mehr ihr eigenes Land …

Laßt uns bleiben mal wieder am Ort
Und unsere Breiten erkunden als Sport:

Lesen, Wandern, Betrachten, Versteh'n,
Doch ohne uns nur um uns selber zu dreh'n.

Selbstbewußtsein trainieren wir ein,
Um ob des Bewußtseins bescheiden zu sein.

Dies wird unsere geistige Tracht,
Die Völkerverständigung glaubwürdig macht.

Vogelweisheit

Jeder Mensch hat seinen Vogel, 'nen Spleen …
Keiner kann sich seinem Vogel entzieh'n.

Vermächtnisse

Jeder Mensch es in sich trägt,
Was ihm früh ward eingeprägt.

Langsam formt sich dann heraus,
Was das Wesen machet aus.

Dieses prägt das nächste dann,
Und es fängt von vorne an.

Sei gefeit

Neider neiden dir das Deine:
Dir ist's ja gegeben.
Stell dich auf die Hinterbeine,
Denn das ist's ja eben:

Gegen Neid mußt du dich feien,
Eh' er, aus Kanälen
Spähend, ansetzt, auszuspeien
Unrat. Mußt dich stählen:

Vorzugreifen gilt's dem Neide.
Wetze du dein Messer!
Stakt's in Neiders Eingeweide,
Geht's dir gleich viel besser.

Wörtlich ist das ja verboten.
Treu bleib den Gesetzen!
Ehren müßtest du den Toten ...
Willst du ihn verletzen

Aber, nett sei zu dem Neider:
Der wird's nicht begreifen.
Drum geh du zum Segen beider
Die Manieren schleifen!

Unsitte, das!

„Der größte Schuft im ganzen Land:
Das ist und bleibt der Denunziant!"

So haben, als es Usus war,
Zu denunzieren hier — und zwar
Zum Wohl des Reiches Nummer drei —,
Die Kinder mit Humor dabei
Land auf, Land ab im Chor skandiert.

Hernach, obgleich nicht expandiert,
So doch aufs neu gern offeriert —
Zu zeigen, daß man gern pariert —
Ist's worden dort im Ostgebiet,
Wo man verstohlen auch verriet
Den Nachbarn, Freund, Kollegen, Mann:
Wenimmer man verraten kann.

Nun will man meinen, dieser Zunft
Wär 's Handwerk mittels Staatsvernunft
Gelegt, nachdem sie offenbart,
Ja: bloßgelegt, gebrandmarkt ward.

Doch nein: sie stirbt und stirbt nicht aus,
Die Klientel des Sittengaus!
Der Denunziant lebt fort und fort
Und unbehelligt hier wie dort.

International

Mitten im Beverley-Straßencafé
Schrie sie: „Da, guck mal, der trägt ein Toupet!"

Vor allen Gästen

„Ist es Ihnen aufgefallen?"
Traute sich g'rad eben
Meine Nachbarin vor allen
Gästen anzuheben.

Dabei wies sie auf das alte
Fräulein, fragte mich noch,
Was ich denn wohl davon halte:
Hab' verändert sich doch!

Keine Schatten um die Augen
Mehr und keine Ringe:
Müsse einiges ja taugen,
Was bei der verfinge

Derart! Augenfällig rosig
Sei ihr Teint, der Falten
Ledig, wo er eher moosig
Grünlich sei. Der Alten

Sei ein Wunder widerfahren
Mittels Kräuter- oder
Pflanzenpackung — kostbar, gar en-
Demisch — gegen Moder.

Angewandte Physik

Ja, wenn er's schon zieht an den Haaren herbei,
Auf daß jenes niemals vergess' er:
Erst flechte er fleißig. Wes Sumpf es auch sei,
Mit Zopf am Schopf zieht's sich schon besser.

Spannende Frage

„Schon wieder die Nase voll!"
    Hört' ich ihn nölen.
Wierum er sie leeren soll,
    Laut er sich frug.
Schon dreht's ihm die Glubschaugen
    Raus aus den Höhlen …
Wird er an den Schub glauben
    Oder den Zug?

Streitende I
Feind

Magst du auch noch so grinsen:
Wenn ich mich recht besinn',
Geht alles in die Binsen,
Und alles geht dahin.

Auch dich wird's einst ereilen,
Auch dich rafft's mal dahin:
Dir das mal mitzuteilen,
Steht mir schon lang der Sinn!

Streitende II
Angebot

War'n wir mal zerstritten?
Wann war das noch gleich?
Was hat uns geritten?
Wer spielt' wem den Streich?

Wer verdarb die Sitten?
Wem galt noch der Streit?
Was hältst du vom Kitten
Des, was uns entzweit'?

Streitende III
Vorfreude

Das schönste am Streit, seine Krönung
Ist anschließend uns're Versöhnung.

Laß, weil ich mich so darauf freue,
Uns morgen uns streiten aufs neue!

TEIL II

Volksweisen

Im Hinterkopf[2]

„Wie man sich bettet, so liegt man",
Sagt auch der Strom zu dem Bach,
Schlägt seine Wellen und biegt dann
Ab mit gewaltigem Krach.

„Und wie man lebt, ja: so stirbt man."
Ach du, oh je-hemine!
Wem man das Leben verdirbt, kann
Sicher sein: Sterben tut weh!

Am Gartenzaun[3]

Man hört sie nicht,
Man sieht sie nicht!
Da muß es doch was zum Ausschnüffeln geben!

Kein Gast in Sicht,
Kein Wort sie spricht!
Wo steck' ich die Nase nur rein?

Das kann nicht sein,
Das darf nicht sein!
Die wird noch ihr blaues Wunder erleben!

Das Amt muß her,
Die Bürgerwehr!
Am besten, die sperren sie ein!

Schuldzuweisung[4]

Hättest du nicht angefangen,
Wäre's nicht passiert,
Wäre's nicht passiert.

Doch du hast mich angegangen,
Und ich hab's pari-i-iert,
Doch du hast mich angegangen,
Und ich hab's pariert.

Wenn dir denn dein Leben lieb ist,
Nimm's sofort zurück,
Nimm's sofort zurück!

Sonst ein Riesenrindvi-ieh bist
Und ein mieses Stü-ü-ück,
Sonst ein Riesenrindvi-ieh bist
Und ein mieses Stück!

Weil ich Größe hab', geb' ich dir
Eine letzte Chanx,
Eine letzte Chanx.

Doch vergiß nie — das versprich mir! —,
Wem du die verda-a-ankst,
Doch vergiß nie — das versprich mir! —,
Wem du die verdankst!

Landluft[5]

Auf des Volkes Maul
Schaue ich Lippen lesend,
Daß 's mich nicht vergraul',
Hörte ich ihm auch noch zu, ja: zu,
Hörte ich ihm auch noch zu.

'S füllt sich auf mit Mist,
Der mich verlockend anweht;
Meine Nase ist
Voll davon: riechst es auch du, ja: du,
Voll davon: riechst es auch du?

Sack und Nudl[6]

Im Sack, Dudl-, Dudl- is Musi.
   Blos eam hoid auf!

Die Dampfnudl, -nudl mästet mi,
   Bläht mi voins auf.

Und rund, kugl-, kugl- bin na i:
   Des woaß i scho!

Drum rumgoogle, -google, söaf i, wi-
   As obidoa ko!

Häuslebauers Elegie[7]

1. Heißa, das Eimerle
   Füllt sich im Nu.
   Stürzet das Wässerle
   Nach immerzu!
   Didldudldadl schrumm-schrumm-schrumm,
   Schwappt schon am Rand herum!
   Heißa, das Eimerle
   Füllt sich im Nu.

2. Hoppla, das Eimerle
   Reicht nimmer aus.
   'S Wasser am Randele
   Quillt drüber naus!
   Dudldadldidl schrumm-schrumm-schrumm,
   Fließt schon am Boden rum!
   Hoppla, das Eimerle
   Reicht nimmer aus.

3. Alles im Eimerle:
   'S Wasser macht ‚schwapp‘,
   Und eins, zwei, dreierle
   Saufen wir ab!
   Dadldidldudl schrumm-schrumm-schrumm,
   Läuft schon im Schwall herum!
   Alles im Eimerle:
   Hauen wir ab!

Aufm Friedhof [8]

1. Aufm Friedhof trifft ma d'Leut!
   Juppheidi, juppheida!
   Wearn na de Gerüchte gstreut!
   Juppheidi, -heida!

2. Jedn Tag geh ich da hin —
   Juppheidi, juppheida! —,
   Über andre herzuziehn.
   Juppheidi, -heida!

<u>Chorus</u>: Juppheidi, juppheida,
   Juppheidi, fidirallala!
   Juppheidi, juppheida,
   Juppheidi, -heida!

3. „Hascht mear gheart: dea gahts it guat."
   Juppheidi, juppheida!
   „Mai, bal ma wia dsell rumhuat!"
   Juppheidi, -heida!

4. „Und dear oi mats nimme lang."
   Juppheidi, juppheida!
   „Huift eam nix, dear hohe Rang!"
   Juppheidi, -heida!

<u>Chorus</u>: Juppheidi, juppheida, …

5. „Oba schea haschts Grab mear gricht!
   Juppheidi, juppheida!" —
   „Des is mai Mission, mai Pflicht." —
   „Juppheidi, -heida!"

Chorus: Juppheidi, juppheida,
   Juppheidi, fidirallala!
   Juppheidi, juppheida,
   Juppheidi, -heida!

6. I bin ollawai herom.
   Juppheidi, juppheida!
   Laß mi gean fias Richtn lom.
   Juppheidi, -heida!

Chorus: Juppheidi, juppheida,
   Juppheidi, fidirallala!
   Juppheidi, juppheida,
   Juppheidi, -heida!

Break. (*entlang Chorus*)

Chorus: Juppheidi, juppheida,
   Juppheidi, fidirallala!
   Juppheidi, juppheida,
   Juppheidi, -heida!

Schnaderhüpferl[9]

1. Wea Phrasn drischt, den mog i ned.
   An wen i denk, des sog i ned.
   De woin an jedn Mo belean:
   Des hob i ned so gean.

2. Wea Phrasn drischt, den hob i dick,
   Dea hod an Obalearatick.
   Dea Leara söiba is jo ned:
   Des -hofte gfoid ma ned.

Seinerzeit[10]

Seinerzeit — lang ist's her —
Lud er sein Jagdgewehr,
Nahm sie sodann aufs Korn,
Daß er sie träf von vorn.

Dann hat er abgedrückt.
Der Schuß ist ihm geglückt:
Gleich ist sie umgekippt
Und er schier ausgeflippt.

So gern blickt er zurück
Und schwelgt in seinem Glück.
Seinerzeit — lang ist's her.
'S ist, als ob's gestern wär'!
Seinerzeit — lang ist's her,
So lange her.

Ich hätt' gefreit [11]

Ich hätt' gefreit heut' Nacht,
Die ganze Nacht verbracht
In vielen Betten dann!

Ich hätte durchgemacht,
Die ganze Nacht durchwacht
Als liebestoller Mann!

Es ist nicht gut,
Heißt's, daß der Mensch allein sei ...
Mit seiner Glut, füg' ich noch an.

Ich hätte liebestoll
Erfüllt mein nächtlich Soll
Und hätt' gefreit, -freit, -freit
Heut' Nacht!

Auf der Parkbank [12]

Ich kann mich leider nicht bücken,
Denn ich hab' Schmerzen im Rücken.
Was würde ich geben —
Wie früher im Leben —,
Die duftenden Blümlein zu pflücken!

Was würde ich geben —
Wie früher im Leben —,
Die duftenden Blümlein zu pflücken!

Ich fühl'[13]

Bariton: Ich fühl' die kühne
           Jünglingskraft verglühen …
Sopran: Ich glaub', jetzt hat er's,
          Ich glaub', jetzt hat er's!
beide: Ich/er fühl'/t die kühne
        Jünglingskraft verglühen …

Mit Ansage[14]

Ich geb' dir einen Kitzelschlag,
    Komme urplötzlich von hinten,
    Daß es dich erschrecken mag,
    Daß du nur so schreist.

Dann kitzel' ich dich kräftig durch —
    Hast keine Chance, dich zu wehren! —,
    Bis du in Kadenzen furch'-
    Bare Töne kreischst.

Und Tränen fließen will ich seh'n,
    Daß du dich windest in Krämpfen.
    Willst du nicht um Gnade fleh'n,
    Hör' ich nicht mehr auf.

Jetzt weißt du, was dir blühen kann:
    Immer und überall droht es.
    Ich schlag' zu dann irgendwann:
    Zack! Verlaß dich drauf!

Erquickt [15]

1. Lasset uns Entspannung üben,
   Fahren wir ans Mittelmeer
   Mit der ‚dolce vita' drüben
   Und dem prima ‚laisser faire'!

   > Wärmet die Sonne,
   > Spülen die We-ellen
   > Unsere Glieder,
   > Spannen wir aus.

   > Füllen mit Wonne
   > Wir uns're Que-ellen,
   > Daß sie dann wieder
   > Sprudeln zuhaus'!

2. Kaum sind wir zurückgekommen,
   Läßt sich's schimpfen umso mehr
   Auf die just erfahr'nen Wonnen,
   Denn das Leben fällt uns schwer.

   > Anstatt zu lernen,
   > Wie man sie pfle-eget,
   > Hacken wir lieber
   > Auf ihnen rum,

   > Woll'n sie entfernen,
   > Weil's uns erre-eget,
   > Fühlen uns über-
   > Legen statt dumm.

Mein Klavier[16]

<u>Vorspiel</u>. (*Streicher entlang erster zwei Zeilen*)

    Mein Klavier, der schwere Klotz,
    Dem noch nie ein Ton entlockt:
    Meiner Ignoranz zum Trotz,
    Harrt es schweigend und verstockt

    Wie ein ungeliebtes Kind;
    Einer Seele anverwandt,
    Die die seine endlich find',
    Daß sie nicht bleib' so verkannt,

    Tief verborgen, wie sie ist,
    In des Holzes Ungestalt.
    Kunstvoll soll ein Pianist
    Es bespielen, daß es schallt,

    Daß behutsam und behend'
    Seiner Seel' Gefangenschaft
    Er mit seinem Spiel beend'
    Voller sehnsuchtstrunk'ner Kraft!

    Mein Klavier, der schwere Klotz,
    Dem noch nie ein Ton entlockt:
    Meiner Ignoranz zum Trotz,
    Harrt es schweigend und verstockt.

<u>Nachspiel</u>. (*Streicher entlang erster Zeile*)

Pausenlos[17]

1. Ich geh' auf die Straße, und da geht es schon los.
   Es kommt aus dem Auto: oh, was
                       mach' ich denn bloß?
   Oh woe, oh woe!
   Ich kann mich ja nicht wehren, denn es
                       ist überall.
   Immer überfällt mich dieser dröhnende Schall!
   Oh woe, oh woe!

       Geht durch jede Außenschicht,
       Ohrenstopfen helfen nicht.
       Dringt durch jede Ritze ein ...
       Ich will nur noch schrei'n!

Chorus: Pausenlos dröhnt der Sound
           Durch den Blaster, gutgelaunt.
           Pausenlos in mein Ohr
           Plärrt er hämmernd, volles Rohr.
           Pausenlos krieg' ich's ab,
           Und ich fühle mich schon schlapp.
           Pausenlos diese Pein
           Mitten in mein Hirn hinein!

Ich bin schon erledigt, eh' es richtig losgeht.
Schon der erste Ton macht mich nervös,
Geht mir auf die Nerven, jedesmal dasselbe.
Geh', laß mich in Ruh' mit dem Getös'!

2. Laß mich doch in Frieden, ich hab'
                        dir nichts getan.
   Diese Art von Liedern treibt mich in den Wahn.
   Willst du mich denn quälen? Denn es
                        macht mich verrückt.
   Ich will das nicht hören, nicht schon
                        wieder das Stück!

      Immer nur dasselbe hör'n
      Kann das Trommelfell zerstör'n,
      Macht den Kopf so richtig zu.
      Laß mich doch in Ruh'!

<u>Chorus</u>: Pausenlos gutgelaunt!
        Oh, wie quält mich dieser Sound!

        Pausenlos in mein Ohr
        Plärrt er hämmernd, volles Rohr.

        Pausenlos krieg' ich's ab,
        Und ich fühle mich schon schlapp.

        Pausenlos diese Pein
        Mitten in mein Hirn hinein!

  Ich bin schon erledigt, eh' es richtig losgeht.
  Schon der erste Ton macht mich nervös,
  Geht mir auf die Nerven, jedesmal dasselbe.
  Geh', laß mich in Ruh' mit dem Getös'!

<u>Break</u>. (*entlang Chorus*)

<u>Chorus</u>: Pausenlos ...

Ich arbeite dran[18]

<u>Intro</u>. (*entlang letzter drei Zeilen des Chorus*)

1. Ich nehme Hürden, komme, was da will.
   Die Außenwelt glaubt, ich steh' niemals still.
   Sie seh'n mich in Bewegung immerfort.
   Sie sehen nur: ich zieh' von Ort zu Ort.

2. Sie treffen mich in Bars und hochprivat
   Und stellen arglos Fragen, was ich tat,
   Und wenn ich dann die Antwort schuldig bleib',
   Dann wissen sie: ich bin noch nicht so weit.

   <u>Chorus</u>: Ich arbeite dran:
                   An meiner Karriere,
   [*Chor*: *Ich arbeite dra_____n!*]
                   Am Leben zu zweit.
   [*Chor*: *Ich arbeite dra_____n!*]
                   Wenn ich so weit wäre,
   [*Chor*: *tacet*]
                   Gäbe ich euch Bescheid.
   [*Chor*: *tacet*]

3. Die letzten Ziele kenne ich nicht mehr.
   Sie zu erreichen, fiel mir manchmal schwer.
   Doch jetzt sind schon die nächsten Ziele da.
   Obwohl nicht formuliert, so ist doch klar:

Chorus: Ich arbeite dran:
   An meiner Karriere,
 [*Chor*: *Ich arbeite dra_____n!*]
   Am Leben zu zweit.
 [*Chor*: *Ich arbeite dra_____n!*]
   Wenn ich so weit wäre,
 [*Chor*: *tacet*]
   Gäbe ich euch Bescheid.

Chorus: Ich arbeite dran:
   An meiner Karriere,
 [*Chor*: *Ich arbeite dra_____n!*]
   Am Leben zu zweit.
 [*Chor*: *Ich arbeite dra_____n!*]
   Wenn ich so weit wäre,
 [*Chor*: *tacet*]
   Gäbe ich euch Bescheid.
 [*Chor*: *tacet*]

Break. (*entlang Chorus ohne letzte Zeile*)

Chorus: Ich arbeite dran: an meiner Karriere,
   Ich arbeite dran: am Leben zu zweit.
   Ich arbeite dran!
    Wenn ich so weit wäre,
  [*tacet*]
    Wüßtet ihr längst Bescheid!

Extro. (*entlang letzter Zeile des Chorus*)

Nachtrauer[19]

<u>Intro</u>. (*klagende Oboe über Streicher-Teppich, das
   Hauptthema umspielend*)

1. Berlin, ach Berlin!
   [*tutti legato e piano sotto voce*]
   Du baustell'nzerschrundene Stadt!
                [*Baß-Schrumm-schrumm*]
   Wohin, ach wohin
     [*Triangel nervosamente über
     Baß-Schrumm-schrumm*]
   Mein Auto man abgeschleppt hat?
                [*Klarinette scherzhaft sich über-
                schlagend*]

2. Berlin, machst mich zieh'n
     [*Sologeige molto con moto*]
                [*zweite Sologeige mit erster
                legato come succhiante*]
   Von Kiez zu Kiez um, da mich du
                [*Celli-Pizzicato vivace*]
   Von innen führst in
     [*tutti molto crescendo da pianissimo a forte*]
   Spiralen dem Niemandsland zu.
     [*Bratschen mit wild wirbelnden Glissandi,
     in wachsenden Radien sirenenhaft kreisend*]

3. Verstreut, ja, verstreut
   [*Chor* (*auf eins*): *Hmm, pfch, pfch, hmm,*
   Sind alle, die ich einst gekannt.
   ——, hmmmmmmmmmuuaaaah,
   Die Leute sind heut'
   i——ooiiiii, i——ooiiii,
   In Plattenbauwüsten verbannt.
   i–baaaaaaaauwüüüüüüüüwaaah.

4. Wir schmoll'n, denn verscholl'n
   Wir schmo_ll'n, ja___, wir schmoll'n,
   Sind wir füreinander, jawoll.
   Ja__, wiiiiiiiiiiiiiiiiiiiiiir, jawo_ll, ————
                           Bässe: *woll, ja, woll, ja!*
   Wir woll'n, ja, wir woll'n,
   Wir wo_ll'n, ja, wir wo_ll'n,
   Daß alles, wie's war, werden soll!
   Ja__, jaaaaaaaah, jaaaaaaaaah, so_ll! ————
                  Tenöre & Bässe: *Es soll, soll, ja!*

   Wir woll'n, ja, wir woll'n,
   Wir wo_ll'n, ja, wir wo_ll'n,
   Daß alles, wie's war, werden soll!
   Ja__, jaaaaaaaah, jaaaaaaaaah, so_ll! ————]
   [*Paukenwirbel crescendo da piano a forte*]

Extro. (*tutti furioso e fortissimo al fine*)

Haare und Nägel[20]

<u>Intro</u>. (*entlang Bridge' und Chorus*)

<u>Chorus</u>: Haare sind zum Wachsen da,
Nägel von Fingern und Füßen.
Lange Nägel, langes Haar:
Stru-uwwelpeter läßt grüßen!

1. Es wuchert und wuselt,
   Es kringelt und kräuselt
   Sich unbändig zottelnd und stur,
   In Knoten verknäult, ja,
   Im Ansatz verbeult: da
   Erst zeigt das Haar seine Natur.

2. Ihr Bett sprengend, schieben
   Sie, vorwärts getrieben,
   Als Schaufeln mal hierhin, mal dort-.
   Durch Hauen und Stechen
   Auf Biegen und Brechen
   Sind Nägel *der* Waffenexport!

<u>Chorus</u>: Haare sind zum Wachsen da,
Nägel von Fingern und Füßen.
Lange Nägel, langes Haar:
Stru-uwwelpeter läßt grüßen!

Bridge: Uns hat es hierhin verschlagen;
Unsereins standen die Klagen
ins Haus,

Galten bei Spießern als Schande:
Aus deren Banden wir wanden
uns raus,

Wollen Erwachsensein wagen,
Unsern Wuchs würdevoll tragen
zur Schau:

Sind wir dem Wildwuchs gewachsen,
Wächst sich das and're als Klacks endlich aus.

Chorus: Haare sind zum Wachsen da,
Nägel von Fingern und Füßen.
Lange Nägel, langes Haar:
Stru-uwwelpeter läßt grüßen!

Bridge': Wir woll'n Erwachsensein wagen;
Würdevoll woll'n wir uns tragen
zur Schau.

Wir sind dem Wildwuchs gewachsen,
Sichtbar entwachsen des Dax[21]
engem Bau.

Chorus: Haare sind zum Wachsen da, ...

Als wir noch barfuß [22]

<u>Chorus</u>:
Als wir noch barfuß durch München gelaufen —
Sommer war's, brütend, und weich war der Teer,
Flirrende Luft über gleißenden Straßen:
Wir war'n so lässig und sind es seither.

1. Die Kleider aus Indien war'n leicht,
   Hab'n bis zu den Knöcheln gereicht,
   Gebatikt im Indienlook,
   Behangen mit indischem Schmuck.

2. Die Haare war'n offen und lang
   Und lässig der schlendernde Gang,
   Die Taschen aus Leder gefranst.
   Hey, mach es doch nach, wenn du kannst!

<u>Chorus</u>: Als wir noch barfuß ...

3. Die Füße war'n schwarz wie die Nacht.
   Man stellte uns unter Verdacht,
   Beschimpfte uns grimmig im Zorn,
   Rief, wir hätten hier nichts verlor'n.

4. Und „Geht doch nach drüben!" es hieß.
   Wir gaben zur Antwort nur: „Peace!"
   In Liedern bekannten wir uns
   Zum Frieden, zur Liebe, zum Schlunz.

<u>Chorus</u>: Als wir noch barfuß ...

Die Fremde[23]

1. Ich lebe so gern in der Fremde,
   Denn fremd zu sein hat seinen Reiz:
   Ich mach' mir nicht schmutzig die Hände
   Im Zug eines Insiderstreits.

   Ich bleibe so lange wie möglich
   Die Uneingeweihte mit Fleiß.
   Denn es wird nur dann unerträglich,
   Wenn man — eingeweiht — zu viel weiß.

2. Verantwortung muß ich nicht tragen —
   Als nichtwahlberechtigt zumal —
   Und stelle auch keinesfalls Fragen:
   So stellt mich auch nichts vor die Wahl.

   So kann ich in Ruhe genießen,
   Was dieser Ort bietet direkt.
   Kein Wissen kann mich dann verdrießen,
   Bleib' ich lang' genug unbeleckt.

3. Sobald aber zuviel ich kenne
   Und ich dadurch zuviel versteh',
   Wird's höchste Zeit, eh' ich's verpenne,
   Daß ich wieder packe und geh'.

   Dann wird einmal mehr neu gestartet,
   Dann geht's auf zur nächsten Station,
   Die jungfräulich unbefleckt wartet,
   Daß ich sie als Fremde bewohn'.

Bodenständig [24]

Ich bin hier geboren.
Niemals wollt' ich weg.
Niemals macht' ich Winke-Winke,
Rührt' mich nicht vom Fleck.

Fernweh [25]

Aber manchmal zieht's mich in die Ferne.
  Der Sehnsucht ergeb' ich mich gerne.
  Die Sehnsucht ist Nahrung der Melancholie;
    Am Fernweh ergötz' ich mich, schwelge: und wie!
Aber manchmal, da treibt es mich um, um, um,
Aber manchmal, da treibt es mich um.

Unruhe [26]

War's das schon gewesen?
Soll das alles sein?
Kommt nicht bald was, sinke, sinke
Ich noch tiefer ein
In den Sumpf, versinke, -sinke
Vollends wie ein Stein.

Verlustangst [27]

Oh, ist diese Landschaft nicht lieblich,
Ja, ist uns're Heimat nicht schön?
Von ihr wenn ein Krieg je vertrieb' mich:
Wie könnte ich das übersteh'n?

Meine Sprache[28]

1. Meine Sprache fehlt mir, wenn ich weg bin,
   Meine Sprache fehlt mir, bin ich weg.
   Meine Sprache fehlt mir, wenn ich weg bin.
   Bitte nimm mir die Sprache nicht weg!

   Nimm mir, nimm mir,
   Oh, nimm mir die Sprache nicht weg, nicht weg!
   Nimm mir, nimm mir,
   Oh, nimm mir die Sprache nicht weg!

2. Ich erlerne die Sprache der Fremde,
   Ich erlerne die Sitten im Land.
   Ich erlerne die Sprache der Fremde,
   Doch hält mich meine Sprache instand.

   Nimm mir, nimm mir,
   Oh, nimm mir die Sprache nicht weg, nicht weg!
   Nimm mir, nimm mir,
   Oh, nimm mir die Sprache nicht weg!

3. Denn die Sprache erhält uns die Heimat,
   Und die Sprache ist Identität.
   Ja, die Sprache erhält uns die Heimat,
   Wenn es uns in die Fremde verschlägt.

   Nimm mir, nimm mir,
   Oh, nimm mir die Sprache nicht weg, nicht weg!
   Nimm mir, nimm mir,
   Oh, nimm mir die Sprache nicht weg!

Zäune und Grenzen[29]

1. Laßt uns hohe Zäune ziehen
   Mit 'nem dicken Stacheldraht,
   Weil zu uns die Menschen fliehen
   Vor der Terroristen Staat!

   Zäunt uns ein, zäunt uns ein!
   Laßt uns fremdenängstlich sein!
   Zäunt uns ein, zäunt uns ein!
   Wir sind christlich nur zum Schein.

2. Sind wir endlich abgeschlossen,
   Picken wir die besten raus;
   Tragen wir es unverdrossen
   Auf der Ärmsten Rücken aus.

   Grenzen dicht, Grenzen dicht!
   Deren Schicksal schert uns nicht.
   „Grenzen dicht, Grenzen dicht!"
   Schreit es schon in jeder Schicht.

3. Auch wenn sie im Schlamm versinken
   An den Küsten Griechenlands
   Oder gleich im Meer ertrinken:
   Uns're Grenzen sind verschanzt.

   Grenzen zu, Grenzen zu!
   Laßt die Christenheit in Ruh'!
   Grenzen zu, Grenzen zu!
   Wir sind satt, und damit gut.

Heilsaat[30]

1. Die Saat ist aufgegangen:
   Die gold'nen Ähren prangen,
   Von Mendel ungeahnt;
   Trotzt allem Widerstande
   Und wächst im ganzen Lande,
   Das ihr die fruchtbar'n Äcker bahnt.

2. Die Ähren, wenn sie reifen,
   Gar Haselnüssen gleichen
   In Farbe und Geschmack.
   Und wird das Korn gegessen,
   Wird die Substanz zerfressen,
   Und übrig bleibt ein hohles Wrack.

3. Erst muß man es zermahlen,
   Mit Gegengift bestrahlen,
   Bevor man es verzehrt:
   Das Gift wird nur gemindert,
   Die Wirkung nicht verhindert,
   Nur unzureichend abgewehrt.

4. Drum säe man stattdessen,
   Anstatt das Gift zu essen,
   Schon vorher eine Saat,
   Die unser Land entgiftet
   Und rasche Heilung stiftet
   Und alle nähret in der Tat.

Mauern statt Brücken[31]

1. Starke Mauern laß uns ba-auen
Um das deutsche Vate-erland,
Daß sich Asylanten sta-auen,
Die vom Krieg sind wegge-erannt!

   Einigke-eit herrscht in der Fra-age
Unter uns am rechte-en Rand:

   Zieht die Ma-auern, stopft die Lü-ücken
Um das de-eutsche-e Vate-erland!
Zieht die Ma-auern, stopft die Lü-ücken
Um das de-eutsche-e Vate-erland!

2. Denn wir stellen über a-alles
Unser deutsches Hab u-und Gut,
Teilen stur auf keinen Fa-all es
Mit der Asylante-enbrut —

   Schnurzega-al[32], daß unser Wo-ohlstand
Einzig auf dem Glück be-eruht,

   Daß ja a-and're für uns a-alle
Brücke-en ba-aute-en volle-er Mut,
Ja, daß a-and're für uns a-alle
Brücke-en ba-aute-en volle-er Mut!

Europas Frieden[33]

Europa-a lebt in Frieden
Zum erste-en Ma-al jahrze-ehnte-elang.

Die Einhe-eit ist entschieden,
Denn Spaltung führt zum Untergang.
Wir lebe-en ohne Grenzen:
Der Schenge-enra-aum ist u-unse-er Traum.
Ganz ohne-e Referenzen
Bereisen wir den Schengenraum.

Wi-ir seh'n in einem jeden Land,
Was kultu-urell in ihm entstand,
Und tauschen aus, was uns geme-einsa-am
Neu als Basis dient.

Wir feile-en an der Einheit
Der Länd-er, di-ie Euro-opa-a sind,
Mit Diplo-omaten-Feinheit,
Drauf fußend, was uns all' verbind't.
So wachse-en wir zusammen
Allmähli-ich u-und verhe-eißungsvoll:
Nie wiede-er darf entflammen,
Was zwischen uns gelöscht sein soll!

Die Kriege-e sind verwunden,
Wir sind nun ausgesöhnt.
Und niemand trennt, die neu verbu-unden,
Die wir zueinander fu-unden.

So wahre-en wir den Frieden
Aufgrund E-euro-opas E-eini-igkeit,
Geläute-ert und entschieden,
Auf daß er halte alle Zeit!

Wende-Aufruf[34]

Siehst du, wie die Truppen ste-ehen
Übera-all in uns'rer Welt,
Wie die Länder unterge-ehen
Und ein La-and ums and're fällt?

Siehst du, wie die Menschen fli-iehen
Aus der He-eimat mehr und mehr
Und gen Norden, Westen zi-iehen
Voller Ho-offnung zu uns her?

Fragst du dich, ob die das wu-uppen,
All die Fre-emden hierzuland
Einzugliedern — ob der Gru-uppen,
Die da ko-ommen — aus dem Stand?

Willst du dich der Not entzi-iehen
Voller Ha-aß und voller Angst?
Hörst du, was so manche schri-ien
Auf der De-emo, wo du sangst?

Hörtest du die eig'nen Wo-orte,
Während du-u sie hast skandiert?
Sahst du, daß du als Esko-orte
Hergeha-alten und fungiert?

Wirst du bitte in dich ge-ehen?
Wirst du bi-itte denken dran,
Daß sich unser Schicksal dre-ehen
Und zum Bö-ösen wenden kann?

Wende dich nun ab von i-ihnen
Und den Flü-üchtlingen nun zu,
Die ein bess'res Los verdi-ienen,
Eins wie i-ich und eins wie du.

Komm, laß uns drauf hinarbe-eiten,
Unsern Be-eitrag leisten nun!
Läuten wir nun bess're Ze-eiten
Ein, inde-em wir etwas tun!

Freu dich[35]

Freu dich: die Vielfalt macht uns so viel reicher,
Reicher an Wissen und auch an Kultur!
Freu dich: es füllen sich unsere Speicher!
Erst aber machen wir Selbstinventur ...

Sieh[36]

Sieh: der Himmel stakt vor Wunden,
Zeigt allnächtlich Stich um Stich.
Ist der Leib noch so zerschunden,
Durch die Wunden strahlt ein Licht;

Strahlt ja doch nur umso heller,
Den im Blick, der weggeseh'n.
Leuchtet aus die finst'ren Keller:
Jeder Stern ein Weltgescheh'n.

Der Kampf[37]

Im Kampf um die rechte Gesinnung
Verirrt sich so mancher und landet am Rand,
Ergeht sich in Untergangsstimmung,
Erhebt seine Rechte gestreckt übers Land,
Steht stramm und verharrt in Gezeter,
Parolenverzogen die Mimik erstarrt,
Gibt bitter den Mi-iesepeter,
Stocksteif in der Gestik, vernarrt in den Part.

Die Bühne verkommet zur Rampe:
Gespielt wird das Stück „Mit dem Rücken
                              zur Wand",
Der Text: eine schmierige Pampe,
Erbrochen als Klumpen in schwelendem Brand.

Da hört man von ferne es rufen:
Ein „Rührt euch!" und weiß nicht: wer ist da
                              gemeint?
Und „Kommt doch mal i-in die Hufen!"
Ein Unmut greift um sich, es grummelt und greint.

Das Publikum kommt in Bewegung,
Zur dampfenden Walze geworden; es rollt
Gen Bühne in großer Erregung,
Und einer aus ihm schreit: „Ihr habt's so gewollt!"

In Rückschau und Reminiszenzen —
Das Schmierentheater ward niedergewalzt —
Gedenkt man des Kampfes mit Tänzen,
Zu denen man, walzend, die Zu-unge schnalzt.
Als ‚Kampf der Kultur' schrieb Geschichte,
Was weiland sich zutrug und wie es geschah:
Der Straßenkampf — so die Berichte —
Ging unblutig über die Bühne, hurra!

Der Volksvertreter[38]

E-ein Volksvertre-ete-er bin ich ja
U-und halte Reden hier wie da.
Als Vo-olksve-ertre-ete-er bin bekannt
Für große Reden an das Land.

Ge-eschwollen re-ede-e ich daher,
Bi-in halt ein gro-oße-er Vi-isio-onär!

Flaschenkinder[39]

Wir werfen uns're Kinder in den einen
                                    großen Topf,
Daß jedes Kind dasselbe lernt und sich den
                                    Kopf vollstopft
        Mit kunterbuntem Einerlei,
          Gesamtschulhaftem Einheitsbrei … —
Zum Abschluß sind sie Flaschen, die man einheit-
                                    lich verpfropft.

Ach, du meine Heimat![40]

<u>Vorspiel</u>. (*Zither, Hackbrett, begleitende Gitarre entlang vierter Gesangszeile*)

<u>Dreistimmiger Gesang</u> (*zwei Frauen, ein Mann*):

Ach, du meine Heimat, du hattest es drauf!
Du schwangst dich in schwindelnde Höhen hinauf,
Dort jodeltest du in den geistreichsten Sphär'n:
[*männlicher Jodler aus der Ferne mit viel Hall*:
 Jodi_o___ri_ah-di_jo___di___ri___oh]
So fragen wir uns, was wir ohne dich wär'n.

<u>Zw.spiel</u>. (*Instrumente wie oben, leise unterlegte Akkordeonzüge, die zum Ende hin verhallen, entlang vierter Gesangszeile*)

<u>Solobariton</u>:

Ach, du meine Heimat, du stiegst auch hinab
In finstere Täler, und das nicht zu knapp!
Dort gabst du dich drein in die Geistlosigkeit
Und brachtest der Menschheit das feisteste Leid,

Das du, meine Heimat, ihr reichlich beschert',
Aufs grausigste kalt und ins Schlimmste verkehrt,
Das je über sie konnt' hereinbrechen, und
Standst unerreicht dreist mit dem Teufel im Bund.

<u>Zw.spiel</u>. (*wie oben, Akkordeon leitet über*)

<u>Zw.spiel</u>. (*alle entlang erster vier Gesangszeilen*)

Vierstimmiger Gesang (*mit viertem Mann a cap.*):
Ach, du meine Heimat, jetzt stehen wir da
In knietiefem Acker und suchen den Pfad,
      [*in Überleitung einsetzende Sologeige*]
Den Pfad, der dich einst zu den Gipfeln gebracht
In ihrer umwölkten, verheißenden Pracht.
  [*leises Paukenrumoren untermalt die Zeile,*
                        Triangel bis Zeilenende,
                                  Schelle]
    [*in Überleitung einsetzende Streicher*]

Doch, du meine Heimat, wir steh'n nicht allein,
[<u>Chor</u>:
Doch, du_____ , wir steh'_____n
                                                  nicht
Und mögen die Wände auch noch so steil sein:
al- lei_____ n.
Die Seilschaft der Willigen sichert auch uns,
—

Und wir sind verläßlicher Wahrer des Bunds.
Sind i_____m neuen Bu_____nd.
<u>Zwischenspiel</u>. (*alle Instrumente entlang vierter*
                     Gesangszeile)

Ach, du meine Heimat, du schillernde Maid,
Voll Trauer und Sehnsucht nach all deinem Leid,
So schaffen wir's doch zu den Gipfeln empor
Und bringen wie einst wieder Großes hervor.

Nachspiel. (*alle Instrumente entlang letzter zwei Zeilen*)

Herkunftsnachweise

*¹ naigschmecktnoberschäbisch **74**

*² Krankenhausweise, eingangs des Operationsvorgesprächs, undatiert **83**

*³ Marsch in Triolen aus der Vorstadt, inzwischen im ländlichen Raum verbreitet, undatiert **83**

*⁴ einem Bruderpaar aus dem 20. Jahrhundert zugeschrieben, deren Identität vergessen ist; begründet vermutlich eine generationenüberdauernde Fehde derer beiden Familienzweige **84**

*⁵ Walzer aus dem Zuagroastenmilieu städtischer Herkunft **85**

*⁶ Klage-Walzer einer oberbayrischen Hochpfünderin; der anschließende Jodler variiert von Alm zu Alm **85**

*⁷ aus dem Stuttgarter Umland **86**

*⁸ alte oberschwäbische Volksweise **87**

*⁹ Protestsong der Anti-Talkshow-Bewegung **89**

*¹⁰ Hymne von Diplom-Forstwirten in Rente; letzten Experten-Deutungen zufolge steht „sie" im Text nicht für die Gattin, sondern eine Wildsau **89**

*¹¹ Duett für Bariton und Sopran aus dem Musical „Der späte Don Juan" **90**

*¹² unter vorgehaltener Hand gesungene Arie für Bariton aus dem Musical „Der späte Don Juan" **90**

*¹³ Duett für Bariton und Sopran aus dem Musical „Der späte Don Juan" **91**

*¹⁴ Kinderlied, äußerst beliebt unter Geschwistern **91**

*¹⁵ Touristenweise an deutschen Stammtischen **92**

*¹⁶ Arie für Heldentenor aus der Oper „Der Star in der Krise" **93**

*¹⁷ Protestsong von Anwohnern einer historischen Altstadt, Mitte der 90er Jahre; in den Folgejahren als Auftakt von Hauseigentümer-Versammlungen aller deutschen Kleinstädte etabliert; ursprünglich unterlegt mit achtfachem ‚dumdschge' in den Zeilen 2, 4, 6 und 8 des Chorus, später irrtümlich auf die Melodie eines gängigen deutschen Schlagers gesungen **94**

*¹⁸ Evergreen aus der Selbständigen-Singleszene **96**

*¹⁹ Arie aus der in den Plattenbausiedlungen versickerten Off-Theater-Operette „Aufwicklung", erhalten geblieben durch mündliche Weitergabe von Nachmieter zu Nachmieter **98**

*²⁰ dem radikalen Flügel einer deutschstämmigen Emigranten-Kommune der 70er Jahre zugeordnet **100**

*²¹ in der Adaption der heutigen Aussteigerszene (nach der ersten Immobilienblase), die den Urtext für veraltet erklärt hat: „ ... ja, und / Wir sind entwachsen des Fracks engem Bund." **101**

*²² Lagerfeuersong junggebliebener Großeltern aus den geburtenstarken Jahrgängen **102**

*²³ Titelsong der Verfilmung des Romans „Die Fremde" frei nach der Autobiographie einer Entwurzelten, 2027; Hauptthema später als Werbemusik einer Umzugsfirma legendär geworden **103**

*²⁴ Schunkelweise von Dorfbewohnern, undatiert **104**

*²⁵ Wiegetraditional für sporadisch Schlafgestörte **104**

*²⁶ Wippweise von Dorfbewohnern, vermutlich in der Midlifecrisis **104**

*²⁷ Begrüßungsweise für Einwanderer, 2015 **104**

*²⁸ Aussiedlerweise, undatiert **105**

*²⁹ Demoweise, erstmals in den 2010ern auf Dresdens Straßen zu hören **106**

*³⁰ europäische Richtlinie, erlassen Mitte März 2016; vorausgegangen waren zähe Verhandlungen über Ackerkontingente und das Ringen um einen umfassenden, nachhaltigen Kompromiß **107**

*³¹ gescheiterter Versuch der Durchsetzung einer Neo-Hymne, Leipzig, Anfang des 21. Jahrhunderts **108**

*³² Version der wohlerzogenen Wutbürger **108**

- *33 aktualisierte Europahymne, kurz vor der Durchsetzung **108**
- *34 Chorgesang aus den Reihen der Gegendemonstranten zu Leipzig, Herbst 2015 **110**
- *35 Happysong Kulturschaffender, undatiert **111**
- *36 Passionslied, ab Mitte des 20. Jahrhunderts in den Kanon aufgenommen **111**
- *37 Ballade eines Veteranen, 2016 **112**
- *38 Arie für Bariton aus der Oper „Der Aufsteiger" **113**
- *39 Ringelreien von Wuteltern mit Resignationshintergrund **113**
- *40 Titelsong des Heimatstreifens „Der Ausblick" **114**

Inhalt

<u>Vorwort</u> 5

Guter Rat 5
Geständnis 5
Wunsch 6
Meines Lesers Vergebung 6
Vorschlag zur Güte 7
Wenn alle Stricke reißen 7
Allen anderen 8

TEIL I: **Gedichte** 9

<u>Von Gipfel zu Gipfel</u> 11

Ausgerechnet 13
Dichterlob 13
Mut zur Lücke 13
Die Stiftung 14
Ätsch 14
Kritik 14
Beitrag zu Literaturgeschichte 15
Non scholae 16
... sed vitae 17
... discurrimus 17
Die Biene 18
Zu Willen 20

Zu Diensten	20
Empörend	21
Kurzer Prozeß	21
Einwand	21
Ernst	22
Die Mütze	22
Bewerbung	22
Voting	24
Artikelspiel	25
Marlenes Hose	25
Zu Befehl	26
In Sorge	26
Wissenslücke	27
Tyrannenmord	28
Vae viae	29
Des einen Nachtigall	29
Rekrutenblues	30
Aus dem Tritt	31
Niwradsches Gesetz	32
Blöd	32
Beredtes Stadtbild	33
Unreine Begegnung	34
Nachgefragt	35
Auslegungssache	35
Mädelchendilemma	36
Beichtgeheimnis	37
Beschwörung	38

Stoßgebet 39
Gute Voraussetzung 40
Fastenzeit 40
Lektorat 41
Dank verjährt nie 42
Neu 43
„Ein Münchner im Himmel" 44
Engel 44
Nostra Culpa 45
Sieh sie hängen 46
Haltung bewahren? 46
Erst neulich 47
Hut ab! 48
Tatsache 48
Sensation 49
Aufschrei 49
Böses Ende 50
Auf der Spur 52
Neues Verfahr'n 52
Sinnkrise 53

<u>Im Tal</u> 55

Sonntagabend 57
Massenmörder 59
Lehrreich 59
Brief 60
Geschwärzte Passage 61

Postwendende Antwort 64
Gegenentwurf 65
Antip-Ode 67
WG-Alltag 67
Hausputz 68
Einsicht 68
Spätsommer 68
Wie die Zeit vergeht 68
Dialog 69
Therapie 69
Auch eine Lösung 70
Beizeiten 70
Keine Pause 70
Ungeschickter Einstieg 71
Ballade von Corinna und Babsi 72
Pech 74
Durch dick und dünn 74
Völkerverständigung 74
Heimatkunde als Breitensport 75
Vogelweisheit 75
Vermächtnisse 75
Sei gefeit 76
Unsitte, das! 77
International 78
Vor allen Gästen 78
Angewandte Physik 79
Spannende Frage 79

Streitende I: Feind 79
Streitende II: Angebot 80
Streitende III: Vorfreude 80

TEIL II: **Volksweisen** 81

Im Hinterkopf 83
Am Gartenzaun 83
Schuldzuweisung 84
Landluft 85
Sack und Nudl 85
Häuslebauers Elegie 86
Aufm Friedhof 87
Schnaderhüpferl 89
Seinerzeit 89
Ich hätt' gefreit 90
Auf der Parkbank 90
Ich fühl' 91
Mit Ansage 91
Erquickt 92
Mein Klavier 93
Pausenlos 94
Ich arbeite dran 96
Nachtrauer 98
Haare und Nägel 100
Als wir noch barfuß 102
Die Fremde 103

Bodenständig 104
Fernweh 104
Unruhe 104
Verlustangst 104
Meine Sprache 105
Zäune und Grenzen 106
Heilsaat 107
Mauern statt Brücken 108
Europas Frieden 108
Wende-Aufruf 110
Freu dich 111
Sieh 111
Der Kampf 112
Der Volksvertreter 113
Flaschenkinder 113
Ach, du meine Heimat! 114

Herkunftsnachweise 117

Hinweis

In diesem Verlag ebenfalls erschienen:

Sonja Maria Rathjen: Gereimtheiten
Gedichte und Lieder
Paperback, 88 Seiten
€ 12,80
ISBN 9-783-734-74420-4

Sonja Maria Rathjen: Alleingänge, Band I
Geschichten in zwei Bänden
Paperback, 76 Seiten
€ 7,80
ISBN 9-783-739-22017-8

Sonja Maria Rathjen: Alleingänge, Band II
Geschichten in zwei Bänden
Paperback, 128 Seiten
€ 9,80
ISBN 9-783-739-22678-1